农工一体化模式、资源利用与企业成长

王瑜　王京◎著

中国社会科学出版社

图书在版编目（CIP）数据

农工一体化模式、资源利用与企业成长/王瑜，王京著.
—北京：中国社会科学出版社，2024.2
ISBN 978-7-5227-3510-8

Ⅰ.①农…　Ⅱ.①王…②王…　Ⅲ.①农工贸一体化—
资源利用—关系—企业成长—研究—中国　Ⅳ.①F324.5
②F279.23

中国国家版本馆 CIP 数据核字（2024）第 085409 号

出　版　人	赵剑英
责任编辑	戴玉龙
责任校对	周晓东
责任印制	王　超

出　　　版	中国社会科学出版社
社　　　址	北京鼓楼西大街甲 158 号
邮　　　编	100720
网　　　址	http://www.csspw.cn
发　行　部	010-84083685
门　市　部	010-84029450
经　　　销	新华书店及其他书店
印　　　刷	北京明恒达印务有限公司
装　　　订	廊坊市广阳区广增装订厂
版　　　次	2024 年 2 月第 1 版
印　　　次	2024 年 2 月第 1 次印刷
开　　　本	710×1000　1/16
印　　　张	11.25
字　　　数	168 千字
定　　　价	98.00 元

凡购买中国社会科学出版社图书，如有质量问题请与本社营销中心联系调换
电话：010-84083683

目　　录

第一章 绪论

第一节 研究背景

在党的二十大报告中，习近平总书记指出，"要加快建设农业强国，扎实推动乡村产业、人才、文化、生态、组织振兴"。农业是国民经济的重要支柱，农业是食品安全的根本保障，农业发展是我国顺利实现脱贫攻坚目标的基本前提，农业发展是我国经济发展新格局构建的核心环节，涉农企业对农业发展具有重要作用。

一 农业在国民经济中的重要地位

2015年，我国农业部与国务院提出需要加强农业智能化建设的力度，大力发展智能化农业，为我国国民经济的整体发展赋能。为此，农业部和国务院发布了关于农业发展的相关意见及报告。在文件中，农业部和国务院强调了农业发展的重要性，指明我国经济发展需要重视农村地区的重要力量，加快农村第一、第二、第三产业融合的相关工作进程。同年，我国颁布的中央"一号文件"中也强调了农村地区进行产业融合的重要性，明确农村地区产业融合发展对于提升农民群体的收入等领域的现实意义。并且，在2015年之后的三年中，我国的中央"一号文件"中多次提到"三产"融合，指出"三产"融合对于实现乡村振兴战略伟大目标的重要意义，明确"三产"融合作为促进农村地区发展，稳固农业在国民经济中重要地位。除此之外，在我国的"十三五"规划纲要中，也多次强调加快农村第一、第二、第三产业发展的重要意义。在党的第十九次全国代表大会报告中，习近平总书记提出，要支持农民就业创业，实现农民群体的增收脱贫，促进农村地区的"三产"融合。根据习近平总书记在党的十九大上的重要讲话，我党的十九大报告中也明确了农业发展对于国民经济命脉的基础地位，强调了我国要在新的世界发展形势中维持自身优势，就必须保障农业发展的速度及质量。关于我国当前农村地区经济状况的实际问题，特别是农村地区的脱贫攻坚工作，在新的经济发展时期，要继续加强重视，帮助农民增收脱困。习近平总书记认为，当下我国要扶持农业高速发展，就需要将改善三农问题作为党的重要工作，将农村复兴的概念以及基本方略提高到影响国计民生及国家发展整体格局的高度上来。并且提出，我国适应新的时代发展背景，就要坚持不懈地走发展农村经济的道路，发掘农村地区经济发展的特色及潜力，因地制宜地加快农村地区产业转型。通过实现农业基本经营管理制度和耕地承包关系的稳定，稳抓农村地区基层工作的质量，发扬干部带头作用，从而保障与提升农村地区整体经济发展速度和产业转型质量。

乡村振兴战略是从我国实际国情出发，为我国整体经济注入新活力的重要举措，也是当前能够突破我国经济发展"瓶颈"的有效方略，更是扭转我国农村地区空心化趋势的有力措施。基于我国经济整体发展的现状来看，坚定不移地走乡村振兴的路径，提升农村地区经济水平，优化农村地区的经济建设，是一项具有现实意义的国家层面发展方略，其符合我国走社会主义农村建设的根本方向，也构成了当前建设社会主义新农村的最高任务。根据乡村振兴战略的重要指示，在当前时代背景下，我国要大力振兴农村，开展农业地区基础经济建设，就要始终坚持农业为本，以农业为依托，重新审视农村地区第一、第二、第三产业的发展格局，探索三产之间资源互通、优势互补的新模式，实现农业发展创新升级。为此，我国需要将第二、第三产业中的理念和技术应用到推动农业再发展的进程中，这也是当前新经济发展趋势下，农业农村建设发展的必经之路。而作为农村经济建设发展的根本指导方略，乡村振兴战略能够有效为农村地区三产融合推进赋能。在乡村振兴战略的指导下，我国农村地区能够始终坚持以经济建设为中心，加快产业融合为基本方向，并基于产业发展内在需求促进资源渗透和重组，激发和创造更加多元化的产业增长点。此外，乡村振兴战略还对于促进我国农村地区经营主体结构的转型升级，以及打造一二三产业之间的共同利益纽带具有积极意义，对协调农村地区的三产融合矛盾等现实问题、实现农业现代化建设和产业链条延伸等工作都能够发挥积极作用。在当前的时代背景下，我国农村地区经济建设工作进程中，加快实现三产融合，可以为乡村振兴整体战略蓝图的实现提供重要的驱动力，能够加快产业的业态升级，带动农业综合性发展，以多元化的方式推进农村地区经济建设。在我国坚定不移促进农村地区三产融合及经济发展结构转型升级的驱动下，产业兴旺能够从传统发展模式中脱离出来，实现从点到面的发展跨越。而从生态宜居的角度看，三产融合能拓宽产业发展空间，为建设生态宜居新农村、改善农村环境提供保障。在资源发掘的层面，以三产融合作为农村地区经济转型的重要机遇，使乡村地区能够发展实现教育、旅游等资源的融入，从而创造溢出效益。在治理有效层面，带动产业运行的主体化变革进程，创造大量返乡再就业岗位，扭转空心化的趋势，有效改善农村地区的社会矛盾，并最终通过统筹优势资源等有效路径，实现农民群体的增收，实现农村地区生活富裕，使脱贫攻坚工作成果得到进一步的巩固。

（一）农业是国民经济的重要支柱

一直以来，农业都是我国的经济命脉和重要支柱，也是我国国民粮食供应的根本保障。发展农业，振兴农村，既是我国国民粮食供应稳定的要求，也是我国经济发展和综合国力提升的现实需要。农业作为我国的第一产业，在我国上下五千年的历史发展进程中始终占据着重要地位，也是当下构成我国国民经济的根本基础。从国家发展的层面来看，农业的发展和农业经济建设事业事关国计民生，对我国国家经济的稳步提升及综合国力的增强起到重要的支撑作用。发展和扶持农业是我国一直以来的基本方针，也是基于我国基本国情的科学选择。我国人口基数庞大，粮食消耗的数量也较大，因此必须保障农业发展，稳定粮食供应。因为如果单纯依赖进口粮食，不但会对经济造成一定压力，受到贸易壁垒等策略造成的经济损失，也会存在粮食供应链条不稳定的风险。而要保障国家粮食安全，数量是基础，质量是关键，二者相辅相成，缺一不可。基于此，我国发展农业，就是稳定国民粮食供应链条，为国家粮食安全奠定基础。纵观历史发展的各个阶段，并结合马斯洛的需求理论，无论社会经济发展程度如何，人们总要先满足温饱需求，才能以此为前提，实现更多的其他需求，因此，我国的国家发展仍然需要稳定粮食供应。而农业作为第一产业，其发展是稳定粮食供应的重要基础，农村地区的经济发展及我国农业的发展程度对于人们温饱问题的解决起到根本的保障作用。只有在温饱问题得以解决的前提下，人们的物质需求才能够得到满足，进而有机会向追求精神需求发展。而如果人们还需要为粮食供给而担忧，连基本的温饱都无法保障，就自然无法实现对精神需求等其他层面的需求的追求。除此之外，当国家的粮食供给链条出现波动时，不仅对于人民的基本生活保障会产生威胁，还会影响人民其他方面的物质供给。综上所述，保障粮食供给链条的稳定性、发展农业生产、提升农业生产的质量以及加快农业产业化转型等是稳定国家经济和社会秩序的重点与核心，也是国家发展的关键所在。

农业发展对于国民经济水平的整体进步具有重要的推动作用，我国历史悠久、资源丰富，但经济发展水平并不均衡，这点与我国历史国情有关，也与我国国土面积广阔等现实因素有关。近年来，我国加强与各发展中国家的经济合作，在发展工业建设、推动一二三产业结构调整性改革方面取得了一定的成效，石油、钢铁、纺织等行业发展水平不断进步，煤炭等行业也位于世界领先地位。但从我国农业发展的基础数据来看，当前农业发展程度还不能满足国民经济支柱的现实要求，尤其是在农业产量方面，还需要进行提升。而在农业发展程度上，目前我国的农业发展程度并不能适应国民经济的发展速度与需求。农业基础为工业、交通运输业的发展提供了重要保障，而当前要打造国家经济整体稳定协调发展模式，就需要始终坚持发展农业，夯实国民经济基础，并加强与其他国家的经济文化等层面的多向互动。农业是国民经济腾飞的核心驱动，在我国经济建设事业全面开展的时代背景下，国家始终大力发展农业，为农业发展和粮食稳定供应出台一系列扶持政策，同时还致力于农林牧渔业均衡发展，提升科技水平，优化产量，使农业生产和农产品供应与经济增长需求相融合，与消费结构优化相适应，为国民经济整体发展营造健康的氛围。我国大力发展农业，除了对粮食供应具有根本保障作用外，也能够为第二、第三产业的发展提供资源供给，进而赋能国家整体经济发展结构，强化国家经济发展优势。以成熟健康可持续的农业发展供应为基础，第二、第三产业的建设发展才能够具有稳定的原料供给。通过农业建设实现的资源累积，能够有效促进工业化程度的提升，从而优化国家整体经济结构。以现代工业发展为例，许多工业产品的生产实现都需要以农产品作为重要的供应原料，尤其是一些轻工业类产品，对相关农产品原料具有较深的依赖性，粮食、棉花、油料等都是农业能够为轻工业建设提供的重要生产资料。并且，除了轻工业类产品之外，农业发展还可以为重工业者提供基本的生活资料，从而保障重工业的持续运行，对重工业发展也能起到一定支持作用。另外，我国深耕农村，加强推进农村整体经济体制的不断改革，使得劳动生产率得以有效提升，也对于带动工业建设的步伐，实现工业化程度的不断加深以及一二三产业的协调发展创造了有利条件。在习近平总书记的指导思想下，我国近年来始终关注生态经济的发展建设和社会主义特色新农村独有优势和资源的发掘，一些农村地区的特色资源潜力被开发出来，为第三产业建设发展提供了有力的保障。

（二）农业发展是我国顺利实现脱贫攻坚目标的基本前提

从我国基本国情来看，由于我国农民群体数量庞大，脱贫攻坚任务艰巨，而农业发展能够有效加速农民群体脱贫脱困，对于提升农民群体收入，优化我国国民整体生活幸福感具有重要的积极作用。我国幅员辽阔，民族众多，人口基数庞大，因此农村地区的人口数量也多，近年来，随着城镇化、工业化程度不断加深，人民的物质生活水平也有了很大改善。但由于我国国土面积广阔以及结合人口基数的实际，对城镇化建设和国家经济结构调整升级造成了一定程度的限制。因此，结合当前我国经济发展阶段，要突破经济建设发展的"瓶颈"，就要大力建设农业，为农业发展赋能，从而实现农民群体的脱贫脱困，完成我国脱贫攻坚的总体战略目标，这不仅仅是我国农业发展策略的重要内容，也是我国国家发展战略的重要组成部分。从国家战略的层面看，农业发展是实现农民群体脱贫致富的基本前提，是我国经济建设的主要阵地。多年来，我国始终关注农业发展，扶持农业作为第一产业的重要地位，并积极为农业发展出台相应保护措施和优待政策，有效推动农业整体发展进程，并且通过提升农业生产的科技水平，在农产品产量上和品质上都能获得有效提升，实现农产品的增值，从而帮助农民群体实现增收。

此外，农业发展还对有效提升农民收入具有积极的现实意义。从当前我国国家经济建设的整体进程来看，要为我国经济市场注入新的活力，就要加快供给侧改革，优化市场需求结构。为此，就要不断提升农民的收入水平和购买力，带动农村商品市场的建设和繁荣。而我国农民群体的收入提升主要是依赖于农业发展，优化农产品供给质量，推动产业化发展，从而实现增收。由此可见，农业发展是提升农民收入的基础，农民群体只有实现了增收，才能够有多余的购买力进行消费。我国农村占地面积较为广泛，农民群体的数量较多，但农民群体的消费能力较低，因此在农村区域，商品市场很难发挥出规模优势。而通过农业发展及供给侧改革，能够有效带动农民纯收入的增加，从而激活农村商品市场发展活力，促进农村商品市场的发展和潜力的发掘，进而实现国民整体经济结构发展及优化的良性循环。农民群体的收入与土地相连相依，在新的时代发展背景下，要不断发掘农产品潜在的附加值优势，借助品牌效应和质量保障体系，打造特色的农产品产业链。在农业发展的进程中，既要认识到农村地区的潜在优势，通过有效的科技进步及产业化发展刺激消费需求，又要为产品质量提供有效保障。在农业科技日新月异发展的带动下，农业的快速发展能够加快农产品质量的提升及市场拓展的步伐，而农工一体化和多元化经营模式的开展则能够使得农产品以更快的速度进行流通。再加上当前现代物流业的发展，许多地域特色农产品能够有效实现市场扩张及客户群体培育，获取更为广阔的市场空间。从农业科技层面出发，农业科技的进步能够赋予农产品更可观的利润空间，创造农产品附加值，从而实现农民收入水平的整体上升。而农民手中的可支配收入越多，其购买力将会有效增加，消费观念随之提升，不再只关注商品的价格，而是越来越注意到自身的消费需求，从而实现农村市场的整体活化，打造我国脱贫事业之间的良性循环，推动国家经济的整体进步。

农业发展还是促进农村地区劳动力结构优化的重要力量，对于缩短城乡差距，提升人民生活幸福感具有重要意义。当前在我国农村发展过程中，城乡差距是不容忽视的重要问题，也是乡村振兴战略推进过程中的重点工作。党的十九大报告中对城乡发展不均衡和农村内部发展不足的问题给予了高度重视，对农村农业现代化建设水平表示充分关注。我国农村治理工作有序运行，使通过缩小城乡差距、推动城镇化发展成为乡村振兴战略实施的重要途径。特别是针对当前我国农村地区的空心化问题，更是具有显著作用。作为我国经济发展整体战略中的薄弱环节，农村的经济建设和发展受到城镇化的影响，农村的劳动力和资本等大量流入城镇地区，难以实现农村地区的内部支撑。在新的经济发展时期，我国将始终贯彻乡村振兴战略，并将其作为当前农村建设发展的关键战略。在乡村振兴战略的指引下，农村要素短板得到弥补，农村地区得以从治理环节的角度加快资源整合与新型治理体系的建立。城乡差距的存在使得农村地区的各项资源向城镇地区发展，加剧了农村的落后现象，而农村地区发展程度越落后，又会进一步造成城乡差距的拉开。由于人口规模和经济收益的差距，以及财政预算等现实限制，各项政策的重点区域大多落在经济较发达的城镇地区，农村地区受到的政策关注度不足，无法发挥以工促农等辐射效应的积极作用。随着第二、第三产业的不断发展，城镇化程度得以提升，工业规模也逐步扩大。工业的快速发展创造了一定程度的劳动力缺口，因此工厂需要更多的劳动力资源用于保障工业生产活动的稳定运行。而在城乡要素流动的作用下，一些农村地区的劳动力开始向城镇地区转移，从而获取更多的收入，缓解生活压力，也弥补了社会劳动力供给的短缺现象。农村地区的青壮年劳动力涌入城镇地区，激发了城镇化建设的动力，也优化了第二、第三产业发展的人力资源供给。但这种城乡流动现象也导致农村地区出现了一定程度的空心化现象，使农业生产无人可用，加剧了农村地区的贫困，进一步缩减了农村地区发展的可用资源储备，农业发展潜力无法发挥，农村地区脱贫脱困遭到阻碍，也反映出我国经济结构发展不平衡的问题。而农业的发展能够促进农村地区劳动力结构的优化，激发农业的发展潜力。在国家方针政策的指导下，通过大力发展农业，为农民工创造更多的返乡再就业岗位，鼓励农民工返乡创业，能够有效改善农村地区的空心化现象，为农业生产增加劳动力供给。并且，随着现代化农业的不断发展，农产品生产加工也从粗放型向精细化加工不断演变，使农业产品的附加值提升，从而能够有效增加农民群体收入，从而促进脱贫脱困整体目标的实现。

（三）农业发展是实现市场要素流通的必然选择

农业发展能有效激发农村区域市场活力，实现市场贡献，这也是新的经济发展时期我国农业发展的重要方向。作为我国国民经济的支柱及我国不可动摇的第一产业，农业具有物质生产与供给的功能，对国民经济整体发展提供重要的支撑作用。而农业发展事关国民经济整体建设，也是实现其市场贡献功能的必然选择。基于我国国土辽阔的基本国情，我国经济发展存在一定程度的不均衡现象。无论是国家经济发展的整体布局还是出自第二、第三产业的发展基础，无论是发展重工业还是轻工业的过程中，农村区域都是重要的具有潜在实力有待发掘的广阔市场。然而当前农村地区市场的潜力还没有被充分地发掘出来，其发展不均衡和发展速度缓慢的矛盾还没有彻底解决，并且信息服务体系也尚未完善，因此当前农村市场还不能发挥出其自有优势。但从长远的角度看，我国要实现经济的长足进步，就必须重视农业发展，不断发掘农村区域市场潜力，保障农业发展的速度，采取相应措施推动农村地区经济建设。只有农业不断发展、农村经济结构不断优化才能够使得我国农业的现代化发展得以有效推进，农民增收的目标才能得以实现。并且，农业发展对于改善农村地区信息服务体系有待完善的弊端，改善农村区域市场工业产品的需求结构，激发农村地区市场发展活力，攻克农村地区市场发展不均衡和速度缓慢等难题都具有重要的意义。

农业发展能有效盘活农村地区经济要素的流通，使农村地区的经济建设工作能够协调有序地开展，从而创造更多的市场需求，打造不同产业类型协调发展的良性循环经济发展模式及整体布局，带动我国国民经济的整体优化。随着近年来我国打造科技强国的战略不断推进，在农业生产方面也实现了较大的科技进步，农村地区科技水平的不断增长使得现代化的农业生产机械需求逐渐增多，农民群体开始通过农业生产机械来提升作物产量，节省人力。为适应现代化农业的发展需要，打造农业企业多元化的生产经营模式，就需要提升机械化覆盖率，通过农业生产机械的使用，优化农产品的生产率，实现产量提升和农产品的质量控制。因此，我国农业生产机械也向着专业化和科技化的方向发展，为新型农业发展不断深化提供了重要动力，也使得农业建设发展过程中创造了更多的市场需求，进而对工业产品品质优化和市场开发发挥着重要作用，有效发掘农村消费市场，引导农民群体实现消费观的升级及消费水平的提升，不断增加农村地区机械采购数量。在农业机械化生产的影响下，逐渐形成农业和工业互相促进的良性循环，打造工业产品从生产销售到利润实现的循环链条，促进工业的再生产活动，提升了农村地区的市场需求。农业发展是促进农村区域市场转型和结构优化的重要途径，也是市场流通优化及人民生活水平提升的重要抓手。在工业化时期，人们对于一些农副产品和生活资料的获取已经不同于农业时期，不再通过自给自足或者商品交换的模式获得，而是要由工厂进行产品生产和销售，再进入市场流通。并且随着现代化城市的发展建设，在工业反哺农村农业的发展的影响下，农村市场逐渐成为重要的消费市场。农村地区的市场消费需求也是构成国内大循环的重要组成部分，而扩大农村地区的消费市场需求，也是促进市场转型和结构优化的有效措施在农业发展的驱动作用下，能够有效发掘广大农村地区的需求及潜力，从而有效实现消费增量，带动农村地区整体建设发展，为乡村振兴战略目标的实现赋能。

（四）农业发展是我国经济发展新格局构建的核心环节

关注农业发展、加快农村地区产业结构升级，是优化农村经济结构、提升农产品质量、发掘农村地区潜在优势的有效途径。"三农"问题事关国家经济发展的整体建设,其中,优化农产品质量、促进农产品产业化发展是农业发展的基本要求,也是我国食品安全问题得以优化的重要保障。随着乡村振兴战略的全面开展,农产品质量提升是时代发展对我国农业建设提出的更加具体的需求,也是缓和我国当前人民群众消费需求与实际产品定位存在矛盾的有效措施。要大力发展农业,就要落实习近平总书记的生态经济路径,将农业发展作为生态农业建设的重要基础。在农业发展相关观念和乡村振兴战略目标的影响下,我国食品产业能够坚持生态农业建设的方向,不断提升农产品质量,保障农产品供给质量的稳定性,从源头实现食品安全的可控性。除此之外,农业发展还能够有效促进农产品生产企业规范生产,不断加强食品安全监管措施有效性,并且还可以通过多元化合作机制,构建全过程食品安全监控链条,提升食品安全管理成效。另外,农业的发展能够在保障食品安全和质量的前提下,提升食品的多样性,满足消费者的个性化消费需求。农业发展是生态农业建设的重要基础,在生态农业建设发展趋势的影响下,能够有效优化农业生产科技,打造绿色健康的新农业发展模式,逐渐减少农产品生产过程中对化肥、农药的使用,并且通过水源净化和有效的检验手段,减少果蔬农药残留,打造放心农产品品牌。在生态友好型农产品生产供应模式的思想下,生态农业建设的过程中要注意与环境的和谐相处,减少水体污染,避免农业生产对生态环境的破坏,既为农产品质量的稳定和品质改善建立多重保障。

在新的经济发展格局下,农业发展是我国综合实力优化的必要手段,也是我国突破经济发展"瓶颈"的关键环节。实现经济建设的稳定进步,还需要继续关注"三农"问题、稳定农业建设发展。加强我国农业发展能够从容应对市场环境变化的能力,为经济建设提供持续有力的驱动。有效解决"三农"问题是我国经济建设的重要前提,能够有效实现我国国内国际双循环的发展格局,是现代化产业发展链条和整体格局构建的核心措施。正确认识农业发展的基础性和多功能性,明确当前我国农产品供需失衡的现实问题,加强农产品供需失衡的溯源工作，发挥农业发展对我国新发展格局潜力的促进作用，打造国民经济发展良性循环，不断优化市场配置，提升资源利用效率。农业发展是改善城乡二元化结构的有效手段。我国农村地区在基础设施及信息流通等方面都优势不足，在农村发展现状的影响下，农业生产科技水平不足等因素，导致我国在推进城镇化发展的过程中逐渐拉大了城乡之间的发展差距，呈现出城乡的二元化结构。农业发展符合我国乡村振兴的基本战略，能有效提升农村地区基础设施建设的速度，促进农村地区公共服务体系得以不断完善。农业发展为国家建设提供经济支持，保障外汇稳定也为促进国民经济建设提供了重要的支持作用。通过农产品的出口，实现了农业的外汇贡献功能，加强国家间的友好交流与贸易往来。通过农产品的出口创汇，能够使我国农业生产的市场需求得以发掘，也为我国科技水平的整体提升创造条件。

二　涉农企业对农业发展的作用

涉农企业是从事农业发展的重要力量，也是加速农业生产向特色化、智能化、集约化迈进的主体。涉农企业可以划分为多种类型，但无论是农资企业还是农产品的生产、加工企业，都属于涉农企业的范畴。在农业生产工作中，涉农企业可以发挥其在农产品的生产、加工和销售、流通环节的优势，释放发展活力，加速农业生产向特色化、智能化、集约化迈进。为实现农业整体进步，我国农业的产业化经营需要不断优化、延伸农产品的生产链条，加速粗放式经营模式向特色农产品生产加工模式的转变。为此，涉农企业积极推进内部经营模式升级，改变农副产品的生产模式，赋予农产品更多的附加值，从而实现企业的利润目标。由于涉农企业在资金、科技及规范化生产方面具有独特优势，其能够有效推动农产品生产经营模式的规范化运行，有序引导农产品生产逐渐向深加工转化，并且能够使涉农企业生产经营紧跟市场发展方向与客户需求，培养产供销、高度融合的专业化、规模化、集约化生产模式。并且，涉农企业作为推进农业整体发展建设的引擎，使农产品的生产能够实现合理化生产经营模式的构建，抓住涉农企业内部经营管理模式的推进和一体化协同机制的建立，打造互利共赢的市场合作生产模式，对于推动我国农业水平的整体进步具有积极作用。涉农企业推动农业产业化发展的整体建设步伐，带动农业科技创新水平的稳定提升。新的时期，我国农业必须加快整体建设的步伐，推动农业产业化的发展。而涉农企业作为推动农业发展的中坚力量，对实现农业产业化发展建设、推动我国农业整体发展进步具有重要的现实意义。要实现农业产业化发展的有序推进，就要认识到现代化农业建设发展方向与传统农业经济发展模式的不同，发挥涉农企业在管理理念及发展策略方面的独特优势，弥补传统农产品生产模式的不足，从而推动农工一体化经营模式的顺利开展。

对于农业生产来说，要实现农业整体发展进步，就必须重视科技创新，实现技术升级。技术创新是推动农业整体发展进步的源泉，也是涉农企业建立市场竞争优势，实现稳定运营的重要手段。涉农企业想要建立市场优势，就必须积极发挥自身的技术创新优势，通过提升科技投入，实现劳动生产率的优化，并保障农产品质量的提升，树立品牌形象，不断开拓新的市场。在现代市场经济体制下，涉农企业通过对各项创新资源的整合利用，将资金、人才等资源进行整合，引入应用型专业技术团队，不断提升企业自身的创新驱动能力，从而加快劳动生产率和新旧动能的转换，为企业创造更为广阔的利润空间。而涉农企业在技术创新方面的独特优势，能够有效提升农产品生产的科技覆盖率以及加快新型科技成果转化。尤其是在大数据时代背景的影响下，涉农企业在进行内部运营机制改革的过程中，加强对于各种信息技术的使用，寻求更多途径的合作创新模式，打造规模经济效益。针对传统农业生产管理混乱及观念落后的明显劣势，在涉农企业的管理框架下，能够有效帮助我国传统农业发展模式突破限制，转变观念，积极改革，实现经营管理模式的创新。

第二节　研究问题及目的

本书从农业龙头企业发展层面引出研究问题，明确研究涉农企业农工一体化战略模式对企业资源利用效率和企业成长的影响。

本书的主要研究目的包括以下三个方面，第一，结合涉农企业运营特征探讨冗余资源及其利用效率对涉农企业成长的重要作用。考虑到其生产经营模式，涉农企业往往具有较高的资源依赖度，因此，企业自身的资源丰裕程度成为影响其可持续发展的关键因素之一。相较于资源持有水平较低的企业，资源基础雄厚的企业自日常经营和内外部投资过程中更具选择权，有鉴于此，本书探讨了资源利用状况对涉农企业成长的影响。第二，探讨并验证农工一体化战略对企业资源使用效率和长期发展的积极影响，为工商资本下乡政策提供经验证据。作为营利性的经济组织，企业自身的发展和业务范围依赖于其战略选择。"凡事预则立，不预则废"，良好的战略计划不仅指引着企业的经营方向，而且有助于提升企业的资源配置效率和生产运营效率。战略管理理论认为，多元化和一体化是企业发展的两种重要战略选择。考虑到涉农企业的业务特征和资源需求，与土地、农户等生产资料和劳动力资源的有效结合是提升其生产效率的重要途径，这也意味着农工一体化战略可能成为企业的重要战略选择，对其生产经营产生重要影响。本书从企业的战略选择入手，对企业的农工一体化战略进行了判定，并考察其对资源利用和企业成长关系的影响。第三，探讨涉农企业纵向一体化战略优化和企业成长质量的优化方案和对策建议。通过对资源利用程度与企业成长的关系的影响考察对农工一体化战略作用的检验，本书研究了提升企业成长质量的路径，并提出了优化企业战略选择、强化农工一体化程度的对策建议，为我国涉农企业可持续成长、企业战略选择优化和农业产业现代化提供可行的解决方案和决策参考。

第三节 研究内容与方法

本书包括五章内容，第一章为绪论，包括研究背景、研究问题及目的、研究内容与方法以及创新点等；第二章为文献综述与理论基础，包括文献综述、概念界定以及理论基础等；第三章为一体化战略、资源配置对企业成长的作用机制分析，包括一体化战略影响企业成长的作用机制、资源配置影响企业成长的作用机制以及一体化战略、资源配置对企业成长的影响；第四章为农工一体化、资源利用与企业成长的实证分析，包括制度背景、理论分析与研究假设、研究设计以及实证结果分析；第五章为研究结论及建议。

本书的研究方法包括文献分析法、定性分析法与大样本多元统计分析法。

文献分析法。本书探讨了涉农企业资源利用与企业成长的关系，并考察了企业农工一体化战略的作用。在实际研究过程中，本书首先对涉农企业的内涵、企业成长的影响因素和企业农工一体化战略等问题进行了相应的文献整理与总结，从而了解和厘清相关研究问题的进展和不足，继而结合经典理论和文献对本书研究主题的主要逻辑思路和作用机理进行阐释，构建本书的理论框架和分析思路。最后，结合对企业农工一体化战略功能的相关文献分析，总结其对资源利用与企业成长关系的影响及效应，为本书的研究提供理论与文献基础。

定性分析法。本书重点探讨了资源利用与涉农企业成长的关系，及农工一体化战略对二者关系的影响。考虑到冗余资源的"双刃剑"效应，本书在理论和文献分析的基础上阐释了资源利用对企业资源配置、经营效率和创新投入等的多重影响，从而厘清了其与企业成长的关系。此外，本书在对一体化战略优缺点分析的基础上，结合涉农企业的业务特征和经营特性，阐释了农工一体化战略的积极效应，从而为研究假说的推演和研究设计的展开提供了理论基础。

大样本多元统计分析法。本书在理论分析的基础上，提出了相关研究假说，采用描述性统计、相关性分析和大样本回归分析等统计学方法对主要研究假设和理论论断进行了实证检验，不仅展示了相关问题的发展趋势与规律，而且考察了其在中国制度背景和市场情境下的作用机制，为涉农企业资源配置和可持续成长问题的研究提供了经验证据，为企业战略选择和农业产业结构优化提供了决策参考。

第四节　创新点

本书以创新的研究视角，研究基于我国沪深两市 A 股涉农上市企业 2007—2018 年的财务数据，实证检验了涉农企业农工一体化、冗余资源与企业成长的关系，分析了多元化经营对农工一体化企业冗余资源与企业成长关系的作用，为我国农业产业政策制定与优化及农业企业经营战略选择提供经验证据与决策参考。

第二章 文献综述与理论基础

第一节 文献综述

本章从涉农企业成长的影响因素研究、农工一体化战略的作用研究、资源利用对涉农企业的影响研究等方面进行了文献梳理与评述。

一 涉农企业成长的影响因素研究

乡村振兴战略背景下，"三农"问题被置于优先解决的地位，在此战略背景下，涉农企业得到大力支持和稳步发展，但目前整体实力仍需增强，对有关影响涉农企业成长的影响因素仍需探讨，相关学者主要从外部影响环境和企业内部影响因素进行了分析。外部环境方面，当前以区块链、大数据、云计算等数字经济的发展促进了传统产业升级和转型，涉农企业借助数字技术显著提升了企业价值，促进了企业市场地位的提高和降本增效，有利于企业成长[①]；金融支持方面，过去涉农企业面临科技含量低、盈利能力弱、经营规模小、信息不对称程度高等困境使得传统金融机构不愿提供资金，难以获得外部融资，极大限制了涉农企业成长，但已有研究证明目前数字普惠金融政策的大范围实施能够极大缓解我国涉农企业的融资约束，减小信息不对称程度，助力解决涉农企业融资困境，实现规模经济从而更好成长[②]，比

---

① 李宁、任金政：《数字技术提升了涉农企业的价值吗？——来自新三板文本分析的证据》，《现代财经（天津财经大学学报）》2023 年第 10 期。
② 田霖、郭梦琪：《数字普惠金融发展缓解融资约束研究——基于涉农企业的实证分析》，《重庆大学学报（社会科学版）》2023 年第 11 期。

如涉农企业既能够依托数字化技术赋能，实现企业的健康发展壮大[①]，也能够依托农业供应链为代表的金融支持等，弥补农业企业信用缺失，降低信息不对称，缓解融资困境[②]；在市场因素方面，我国现有政策鼓励涉农上市企业通过并购重组做大做强，且已有研究证明并购规模与企业成长性间存在正相关关系；市场规模的扩大加速了产业集聚和产业竞争，对企业自身成长具有重要意义[③]；而在政府支持方面，部分学者对涉农企业进行补贴政策研究，认为获得大量政府补助的企业实质存在较差的盈利能力，在这种情况下政府补助对企业成长发挥的是消极效果，影响了企业成长性从而难以使企业持续发展[④]，另一部分学者则认为补贴支持可以推动企业生产率提高，有助于企业成长[⑤]。在企业内部，企业创新能力、管理水平、人力资源等对企业成长发挥重要作用，已经指出，当前我国涉农上市企业总体科技创新生产效率呈现下降趋势[⑥]，不利于企业成长，而研究发现创新能力是涉农企业成长影响重要因素，这些创新会产生相应的财务绩效、社会绩效和市场绩效等，因此涉农企业创新行为将有助于企业的成长发展[⑦]，对员工教育投资有利于企业研发效率提升，企业通过对人力资本进行在职培训充分发挥员工价值创造进而提升企业价值，促进企业成长。

二 农工一体化战略的作用研究

"农工一体化"最早是将工农结合起来的一个动态进程，实施

① 徐晨阳、陈艳娇、王会金：《区块链赋能下多元化发展对企业风险承担水平的影响——基于数字经济时代视角》，《中国软科学》2022 年第 1 期。

② 付玮琼、白世贞：《供应链金融对中小农业企业的融资约束缓解效应》，《西北农林科技大学学报（社会科学版）》2021 年第 2 期。

③ 沈晓明、谭再刚、伍朝晖：《补贴政策对农业上市公司的影响与调整》，《中国农村经济》2002 年第 6 期。

④ 白洁：《政府补贴对高科技企业全要素生产率的异质性影响》，《学习与实践》2020 年第 9 期。

⑤ 周烨、任志超、郑维伟等：《中国涉农上市企业科技创新效率及提升路径——基于 DEA-Malmquist 与 fsQCA 的实证分析》，《科技创新发展战略研究》2023 年第 4 期。

⑥ 许明：《基于基因结构的企业成长影响因素研究：从"零和竞争"到"正和竞争"》，《暨南学报（哲学社会科学版）》2019 年第 2 期。

⑦ 王京、安毅、孙菁：《培训会影响企业价值吗？——来自我国 A 股上市企业的经验证据》，《经济科学》2020 年第 1 期。

"农工一体化"，可以促进工农、产供销的紧密联系，实现二者的协同发展。与此同时，农、农结合的推进，可以使生产得到合理的安排，并通过自己的加工和运销来减少流通环节。整合的进程还有助于农业生产的技术革新，提升专业化程度，促进了农业的快速和优质发展，可以取得良好的经济效益。目前在农业与农业一体化的相关研究中，既有关于农工一体化的概念探讨，也有关于农工一体化对公司财务绩效及价值链建设的影响等方面的研究，形成了具有参考性的研究结果。有文献指出，将农工一体化发展成一类企业的集合概念，认为农工一体化企业是既从事农产品生产，又在产业链上同时进行生产加工、产品流通及销售等业务的企业①。此外还有相关文献比较分析了单一和多元两种经营类型的农工一体化企业，发现两者的财务表现存在显著差异②。部分学者指出企业纵向一体化对不同行业、不同发展阶段以及不同类型的企业具有不同的效应，上、下游结合关联性较强行业的企业纵向一体化效果更加明显，而机械制造、汽车等行业则呈现专业化趋势，强调重视发展关键业务，并将非关键环节外包给其他企业③。研究表明煤炭和电力行业的企业纵向整合能够提高企业整体绩效④，研究结果表明钢铁行业的企业绩效与纵向整合程度是呈正相关的关系⑤。另一部分学者通过对中国食品业公司纵向度与绩效进行实证研究，实证结果表明食品行业的纵向一体化与盈利水平不相关⑥。还有部分学者对我国铝业行业的前向一体化和后向一体化行为对企业

---

① 綦好东、王瑜、王斌：《基于经营战略视角的农工企业财务竞争力评价》，《中国农村经济》2015年第10期。

② 綦好东、王瑜：《农工一体化企业高市盈率的财务解析》，《财经问题研究》2015年第5期。

③ 邬义钧、马志峰：《企业纵向一体化问题研究——以中国上市公司为例》，《中南财经政法大学学报》2004年第4期。

④ 陶长琪、刘劲松：《企业纵向联结的效应分析——基于煤电行业的实证》，《数量经济技术经济研究》2006年第2期。

⑤ 吴利华、周勤、杨家兵：《钢铁行业上市公司纵向整合与企业绩效关系实证研究——中国钢铁行业集中度下降的一个分析视角》，《中国工业经济》2008年第5期。

⑥ 黄丹、刘露讯、于阳：《中国食品业上市公司纵向一体化动因及其绩效的实证研究》，《上海管理科学》2010年第5期。

经营效率的影响进行研究①，结果表明纵向一体化可以对企业经营效率起到明显改善②。

三 资源利用对涉农企业的影响研究

冗余资源的概念界定。早期学者在研究中并未给出关于冗余资源的确切定义，只是提出"冗余资源是一种超额回报"的观点③。随着这一领域相关研究的不断深入，冗余资源逐渐得到了较为明确的概念定义，冗余资源被认为是超出当前企业经营需要、被暂时或长期保存在企业内部、由个人或部门所管理、用于应付外部环境改变带来危机的资源。在企业经营的过程中，其占有的资源量往往超过其极限需要量，这就导致了冗余的出现，即组织冗余普遍存在。资源利用的影响研究。资源利用一直是学术界关注的焦点话题。然而，目前对于资源利用对企业变革发展的作用效果，学术界尚未有统一的研究和实践结论。一方面，资源基础理论认为资源利用可以为企业提供有效的战略支持，从而促进企业的变革和升级。此外，按照业务的发展和所处环境，有效地组织资源，可以加快服务生态系统的建立和发展④。冗余资源是企业成长的重要资源基础，它可以帮助企业良好地适应内部战略变革和外部挑战，并及时做出准确且有效的政策改变。然而，公司并不总是处于最佳阶段，它们在发展过程中会积累冗余，而在遇到困难或资金需要迅速增长时，它们会迅速消耗自身积累的冗余资源，以满足自身生存和竞争的需要。陈剑等学者提出，冗余是一种潜在的、可转让或再分配的资源，能够有效地促进企业的可持续发展⑤。如果企业内部出现了大量的冗余，那么管理者就应该对其进行合理的处

---

① 黄健柏、兰勇：《纵向一体化：结构还是行为？——基于铝工业特性的分析》，《财经问题研究》2009 年第 9 期。

② 吴利华、周勤、杨家兵：《钢铁行业上市公司纵向整合与企业绩效关系实证研究——中国钢铁行业集中度下降的一个分析视角》，《中国工业经济》2008 年第 5 期。

③ 李剑力：《探索性创新、开发性创新与企业绩效关系研究——基于冗余资源调节效应的实证分析》，《科学研究》2009 年第 9 期。

④ 陈寒松、田震：《公司创业情境下孵化企业服务生态系统构建——基于资源编排理论》，《科研管理》2022 年第 5 期。

⑤ 邹国庆、倪昌红：《经济转型中的组织冗余与企业绩效：制度环境的调节作用》，《中国工业经济》2010 年第 11 期。

理，从而达到合理的均衡，从而提高企业的整体绩效。较高的资源利用度，企业也就有更多的机会来探究高风险项目，以扩大自己的发展空间，从而提高自己的创新水平①，促进自身的转型与升级。冗余的资源通常并不能为公司创造长期的利益，但是在面对外部的危机或者政策的时候，这些冗余的资源将会对公司的战略决策起到很大的支持作用。另外，委托代理理论也显示了资源元素对企业成长有一定的作用。詹森和麦克林认为，冗余就是低效的闲置资本，它没有被合理地使用，因此产生了代理问题②。多余的资源在为代理人的投资提供便利的同时，也有可能使管理者的权力膨胀，产生一种自负的心态，从而降低了对各类资源的使用效率。在这种情况下，多余的资源不再是企业的一种优势资源，而是一种代理费用，用来应对代理人的错误投资，从而影响公司的发展。过度的资源过剩会使管理者缺少创造力，安于现状，不能对组织的策略与决策进行准确的评估，不能对转瞬即逝的市场机遇进行及时的把握，这会给公司的长远发展带来不利的影响③。

四 文献述评

相关学者关于影响我国上市公司成长性的内外部影响因素的研究已经具备相应的广度和深度，关于涉农企业的成长因素也有学者从不同方面进行了探讨和分析，包括企业外部经营环境、政策环境和市场环境，以及企业内部经营管理，人力资本和创新环境等，主要探究方向目前主要集中在外部宏观角度，如金融支持和融资问题等，而对企业内部的研究较少地展开分析。其次，在对成长性的影响因素分析中缺乏对具体领域和行业系统化的分析，研究对象多集中在制造业和发展迅速且已经具备较好成长性的高科技企业中，针对利益实现较慢，盈利周期实现较长的涉农企业的研究少之又少，该研究领域广度有待

---

① Damanpour F, "Organizational Innovation: A Meta-analysis of Effects of Determinantsand Moderators", *Academy of Management Journal*, Vol. 34, No. 3, 1991, pp. 555–590.

② Jensen M. C, Meckling W. H, "Theory of The Firm: Managerial Behavior, AgencyCosts and Ownership Structure", *Journal of Financial Economics*, Vol. 3, No. 4, 1976, pp. 305–360.

③ Peteraf M. A, Barney J. B, "Unraveling the Resource-Based Tangle", *Managerialand Decision Economics*, Vol. 24, No. 4, 2003, pp. 309–323.

进一步扩展。已有文献已经对农工一体化进行了概念界定为后续提供了研究方向，同时对农工一体化企业进行了经营类型的单一和多元化分类，为后续研究开拓了新的研究视角。相关学者已经指出一体化战略在不同环境下所发挥的作用不同，对该环境进行了行业、企业发展阶段、企业类型的划分来开展农工一体化战略的作用分析，尤其对纵向一体化方面进行了细致分析，但是对农工为主的涉农企业仍然相关研究不够充分，重点聚焦在上下游关联性较强的工业制造业领域，使得农工一体化战略对涉农企业的作用影响分析较少，对横向一体化和纵向一体化两个领域的深度需要进一步加强。随着冗余资源概念近几年的逐步完善和发展，在企业变革发展中的作用日益凸显，成为企业成长的重要资源基础，企业资源的积累需要保持适当比例，只有达到合理的均衡状态才能提高企业整体绩效。利用冗余资源可以探究企业风险承担水平，研究企业创新、代理问题、转型升级与资源利用的关系。但显然目前可供参考的文献不足，少有文献能够将资源利用与企业研究联系关联，存在一定空缺。

综上所述，学者对涉农企业以及有关涉农企业的农工一体化战略和资源利用领域关注甚少，且更少有研究能将三者同时结合起来，探究基于农工一体化战略背景下的以涉农企业为对象的分析。同时我国处于高质量发展背景下，不应忽视各个领域，研究涉农企业极具有现实意义，加之资源利用关乎企业高效率发展，对企业成长和我国经济持续稳定发展具有重要意义。

第二节　概念界定

本节分别讨论农工一体化、资源利用与多元化经营等相关概念，明确了本研究的内涵与外延。

一　农工一体化的含义

农工一体化的概念可以看作农业企业概念的延伸，农业企业可以理解为从事农业生产经营的经济组织。由于农业企业的产业链存在分段性，有的企业是专注农产品加工的，而有的企业则是打造了加工与流通多个环节的互通，实现农业产业链的延长。因此根据农业企业产业链条环节的不同，可以将农业企业划分为传统农业企业和现代化的农业企业。农工一体化中的"农"指的就是农业生产，而"工"则可以理解为工业，例如农产品加工制造、服务业、运输业以及批发零售业等，都属于农工一体化概念中的"工"。因此，农工一体化企业可以看作农业生产企业链条的延伸，从向前和向后两个方向实现产业链条的延长。在这个过程中，既包含了原有的生产环节，又增加了关于各项物料的投入，以及农产品加工运输和销售相关环节的内容。对于农工一体化企业而言，农业生产仍然是构成企业产业价值链的基础部分，并通过链条的延伸实现企业价值增值。这样的经营模式能够将分散分布的单位进行整合，构建稳定而紧密的合作关系，降低供给链条的不确定因素，并且实现交易成本的优化。基于产业链条向前后两个方向进行延伸的影响，上下游的各单位能够加强沟通，提升信息共享程度，这样也能够使得农业产业化链条上的供需关系更加稳定。一体化经营作为新的经营模式，能够突破深加工环节的价值创造壁垒，实现产品附加值及企业利润创造。农工一体化是农业产业化发展的新形式，也是第一产业和第二产业进行结合的良好实践，是推动一二三产业融合的有效尝试，也是农村经济发展变革升级的重要路径。农工一体化经营模式的开展，能够缩短农产品加工交易的中间环节，减少无效沟通导致的效率降低等现象，实现生产效率的提升及交易成本的优化。农业生产集约化程度的提升为农工一体化的实现创造了条件，相较于传统的农业发展模式，农工一体化企业的经营范围涵盖了农产品加工供应的各个环节，对传统农业发展模式进行了升级。农工一体化企业具有更加完整的产业链条，更能够适应市场发展步伐，满足客户需求，也使得农业产业价值链向企业内部顺利转化。

农工一体化将农业生产和工业一体化结合起来，将规模生产、多元化经营结合起来，实现价值增值及非市场交易价格的合理优化。在对农工一体化企业类型进行分析时，可以按照经营范围、价值链、生产管理和控制模式及经济类型、组织形式等不同的方式及标准进行分类，农工一体化企业得以不断发展，带动了我国农业水平的整体优化，对我国乡村振兴战略目标的实现发挥了重要的积极作用。农工一体化企业的发展带动了农业产业链条从单向形式向循环经济模式的转化，也使生产过程逐渐从分散化向标准化过渡。在农工一体化的概念指导下，企业能够建立从成品质量控制的有效溯源，使质量追踪便捷准确，优化质量控制的整体效果。借助网络营销的趋势，提升市场知名度，从产品营销向自我营销转变，从传统农业企业的生产过程中进行分析发现，传统的农业生产企业仅仅涵盖了农业生产的单一环节，而农工一体化企业可以将价值链上的更多环节，成为涵盖一条价值链上的多个环节，或者多条价值链同时存在的经营模式。农工一体化企业对农业生产过程的控制方式也进行了转变，在农工一体化经营模式下，也可以以合作社的方式进行农业生产，实现农户的集成化和组织化。农工一体化的循环经济发展模式是实现我国当今社会可持续发展的有效路径，也是加快我国农业产业化建设和工业生态化建设的关键环节。以资源使用率的提升为前提，力求打造农业发展绿色产业链，加强各环节之间的协同和衔接，也是顺应我国经济发展趋势和农业建设要求的必然选择，是实现乡村振兴战略目标的有效手段。在国家大力号召下，涉农企业应当持续关注农业产业整体的优化升级工作，既要实现企业的长远发展，又要加快经营理念升级，打造产品附加值，实现产业链条的循环再造。

二　资源利用的含义

组织的顺利运行需要蕴含多种多样的资源，而在组织内部中存在的这些资源中，有的资源能够符合组织的实际需要，也有一些是并不适应组织实际需求的。这部分超出组织实际需要的资源被称作冗余资源。资源利用的含义具体到企业层面，可以从企业资产等多方面进行剖析。对于企业而言，资源可以是企业所拥有的有形资产和无形资产，而冗余资源则超出了组织的实际需求。当资源环境存在一定限制的时候，冗余资源的重要性就得以发挥。从企业运行的角度来看，资源利用对组织经济绩效具有一定的影响作用，一种观点认为资源利用是能够促进企业发展的积极因素。冗余资源虽然超出了企业的需求，当前还没有被充分利用，但在未来可以起到一定的作用。并且由于冗余资源的存在，能够灵活地支持企业的战略调整。对于企业组织发展目标的实现具有积极作用。一旦企业需求产生变化，冗余资源就可以作为可用资源被重新规划，发挥作用。另一种观点认为冗余资源存在一定的消极影响。虽然从委托代理关系层面看，冗余资源对管理层存在一定益处，但扩大到整个企业来说，由于冗余资源现象是超出生产水平和实际需要产生的，因此冗余资源对于整个组织存在消极影响。特别是企业需要为资源利用配备额外的成本和人力，这就容易造成一定程度的资源浪费。但随着市场竞争的日益激烈，一些企业面临较大的成本压力。为了优化管理成本，提升运行效率，就会进行冗余资源的管理，为企业减负。

按照资源利用不同的适应范围，可以将其划分为专用性资源利用和一般性的资源利用，这是根据不同资源利用的适用范围和在不同用途之间进行转换的难易程度方面来进行分类的。专用性资源利用难以在不同用途中进行转换，即使强行转换，其适用范围比较小。而一般性的资源利用则适用范围比较宽、资源适用性较高。对于一般性资源利用而言，在不同用途之间进行转换较为容易。而在企业生产过程中，针对专门产品生产所涉及的一些特殊设备则通常可以被划分为专用性的资源利用。当企业所拥有的专用性资源利用较多时，在创新活动方案的选择上就比较受限。另外，还可以按照冗余资源对企业战略目标实现的作用，将资源利用划分为未被吸收和已被吸收、潜在冗余、沉淀性和非沉淀性冗余资源等。采用不同分类方法进行判定的资源利用，在进行测量时也要选用不同的方法，例如一些类别的资源利用适用于财务指标进行测量，而一些则需要用非财务指标进行测量。从企业运行的层面看，在企业生产经营过程中，资源利用对企业技术革新能够具有一定的支持作用，发掘冗余资源能够有效创造创新条件，也能够增加企业关于环境变化的适应力，改善企业绩效。拥有更多的资源利用，虽然对企业运行存在一定负担，但对于企业而言，有机会发掘更多优势资源，从而形成更强的竞争力，应对市场环境的变化。企业通过对冗余资源的配置和转换，能够对组织目标的实现起到积极作用。企业在对配置冗余资源时，进行资源使用规划，使其能在合适的范围内发挥预期的价值，深入了解在外部环境变动和组织战略调整的前提下资源利用的作用机制，有助于企业核心竞争力的提升。

三 多元化经营的含义

多元化经营的企业通常会提供两种以上的产品或者劳务类型。将多元化经营的概念进行延伸，还可以指企业服务向不同行业及领域的探索及整合。在新的经济背景下，企业想要实现持续健康的生存发展，就必须不断提升经营能力，优化企业的经营管理质量。以适应市场发展的需要，对单一传统的经营模式进行转型升级。利用自身资源和资金的优势提升产品市场占有率，利用现代化的信息技术，使企业经营能力更加优化，各项资源得到更合理的利用。企业的多元化经营模式改革必须结合企业自身需求和市场发展的实际情况，以消费者需求为基准实现技术和资源的互补，达成企业财务风险分散和利润创造的发展目标。企业多元化经营可以分为同心多元化经营模式、水平多元化经营模式、垂直多元化经营模式以及整体多元化或者混合多元化经营模式等类型。同心多元化经营模式也称为集中化多元化经营模式，企业的新产品与已有产品之间的用途不同，但存在技术关联。水平多元化经营模式也称为横向多元化经营模式。这种模式下企业的新产品和已有产品都面对已有的市场和客户群。垂直多元化经营模式或者纵向多元化经营模式，它还可以继续细分为前向一体化多元化经营模式以及后向一体化多元化经营模式。在这种模式下企业新产品和已有产品在加工链上属于上下游的关系，能够稳定原材料供应秩序。整体多元化或者混合多元化经营模式则在经营范围、行业、产品方面的关联度较低，对企业实力和资金等条件要求较高。多元化经营不仅指企业能够增加的产品种类，还包含了企业能够提供的服务类型。在多元化经营的思想影响下，企业能够有效打破传统专业化经营模式的束缚，合理配置资源。还能够有效优化企业市场定位，并以此不断提升企业市场竞争力，根据市场发展方向，挖掘行业发展潜力。从企业运行秩序及外部环境的影响作用方面进行分析，企业进行多元化经营改革的有关探索和尝试的过程中存在着一些风险，例如盲目进行多元化经营模式改革或者过度进行多元化经营改革而导致的风险，特别是针对一些管理存在薄弱环节的企业，其风险程度会更高，甚至可能波及自身的支柱产业经营效益。但多元化经营模式的改革成功则能够促进企业进一步激发潜力开拓市场，根据企业自身发展情况进行多元化经营模式改革。

第三节　理论基础

本节分别讨论企业成长理论、利益相关者理论以及委托代理理论等为后续章节实证研究提供理论指导。

一　企业成长理论

（一）前现代企业成长理论

斯密的企业成长观。企业成长理论最早可以追溯到古典经济学，在古典经济学中从客观的角度阐述了企业发展作为振兴国家的有力手段，其成长对助推国家经济发展具有重要影响。由于早期理论研究缺乏一定的科学性与先进性，导致学者在研究企业发展方向时，研究切入点过于片面，将企业成长的动因归结于是调整市场平衡的一种规模化经济行为。规模经济作为主导企业成长的理论工具，始终认为企业规模扩大的主要原因是因为市场规模与分工行为。而最早提出分工行为概念的是古典经济学的创始人斯密，他指出分工行为与企业的成长之间存在密切相关的联系，他将企业视为一种分工组织，只有该组织内的分工单位共同产生行动才能获取规模性的利益回报。他的这项结论从客观因素上分析了企业成长的因素，率先使用市场规模以及分工行为详细地解释了企业成长动因。他认为企业存在的理由是追求成本获得，只有通过分工行为不断提高劳动生产率才能让企业能够在提高产品产量的同时，降低投入成本最终获取高于市场份额的效益，从而形成一种规模经济。在这个过程中，市场容量能够充分反映出企业的发展规模以及成长程度，这也是决定企业成长可持续性的一项重要因素。斯密进一步指出通过对分工组织内部结构进行详细统计，能够在用人与分工基础上统计出企业成长的程度。此外，市场的技术结构也是影响企业规模及成长的重要因素，也应该一并加入对企业成长程度统计的范畴。尽管斯密通过理论描述充分阐述了分工行为可以有效地提高企业劳动生产率，尤其是从市场角度解释了企业成长过程中可能面临的各种问题但也过分侧重于对市场外部因素的研究，将企业成长的决定因素还原为市场规模与分工程度，忽略了内部因素可能对企业发展造成的影响。

马歇尔的企业成长观。在前现代企业成长理论中对企业成长理论已经有了初步的探究，并取得了一定的研究成果。但由于当时科技条件有限，学者不能针对企业成长的所有问题进行全面剖析，只是片面地将企业成长定性为规模经济成长。随后马歇尔在古典经济学的基础上结合对企业内、外部经济的共同研究，重新对斯密企业成长理论做出了补充，并通过发表《经济学原理》详细地阐述了企业规模经济学说，深入剖析了企业的市场结构，提出了与企业家相关的理论思想，为后续企业发展提供了重要的理论借鉴。马歇尔认为企业的成长需要结合多方因素共同推动，外部与内部经济缺一不可。外部经济主要是指企业在发展过程中需要具备足够大的发展空间，只有这样企业成长才能得以有效地发挥。内部经济更侧重于从企业内部管理制度入手，通过深化改革与创新，不断完善内部流程，助推企业实现降本增效，为企业创造更多的额外经济效益。他认为大多数企业在成长阶段，不可避免地会遭遇到不同程度的突发状况。由于每个企业创办者个人能力与行为的差异，如果企业在运作中更换了决策管理层，那么未来企业成长路径也可能因此发生巨大改变。为解决企业成长问题，马歇尔积极倡导其企业成长理论思想，他将企业在成长过程中发生的规模扩大行为归结为外部经济与内部经济。他认为企业成长如果只单纯依赖追求利益，就无法形成完整的规模经济，需要同时促成内、外部经济体的有机结合与共同作用机制，才能有效促进企业成长，企业的外部经济提升主要取决于内部供销能力。具备大规模经济特征的企业通常都蕴含较为强大的供销能力。除此之外，马歇尔还在主流经济学的基础上，反驳了随着企业规模的扩张，垄断性市场结构的出现会改变传统资源的配置导致社会发展效率降低的说法。他认为企业完全可以通过成长实行垄断权力，这并不会影响社会发展效率，但在这过程中企业可能会面临来自其他方面的负面影响，比如企业扩大也就意味着内部组织结构越来越复杂化，需要投入的成本也会增加，当发展至一定规模时，可能会出现内部组织协调困难，灵活性与竞争力也会有所下降。

熊彼特的企业成长理论。熊彼特理论出发点是以静态视角提出，但其发表的经济发展相关理论，却多以动态的方式呈现在人们视野，其中最著名的《企业家理论》也成为后续企业成长应用最为广泛的经济学理论之一。熊彼特的企业家理论认为企业成长是一个不断以创新代替传统的过程。他把企业家比作创造者，创造者产生的一系列活动轨迹，均是维持在该时段内更为适合的经济均衡。他认为传统经济理论存在许多弊端，对经济体系与外部市场变化的联系性研究不够具体，只能以片面的方式解释二者之间的连续性以及适应过程。在传统理论中学者普遍认为只要不断加大资源开发力度，掌握先进的知识与技术就能有效促进企业成长，但熊彼特则认为这些条件因素虽然尤为重要，但也仅是表面现象，如果深入剖析企业经济体系的变化轨迹能够发现产生打乱均衡的其他要素。他还指出经济的成长和发展具有非持续性与突发性，企业的任何一项新决策都有可能改变传统成长的发展方式，比如开发研究新产品、改变传统生产方式、发掘新的供需市场等。在熊彼特的《企业家理论》中以资本主义经济发展作为主要研究依据，他认为企业家本身并不具备扩大企业经济利益的能力，而是需要不断地优化企业内部资源配置，将资源应用于更多能为企业创造利益的项目中。企业家的创新行为是改变企业成长与发展方向的关键因素，虽然在这个过程中企业家不需要承担过多的资本风险，但作为带领企业实现经济增长的主要领导人，企业家必须具备一定的能力才能发挥出引导与决策作用。

（二）现代企业成长理论

彭罗斯的企业成长理论。彭罗斯是首位从企业内生力角度对企业进化过程进行研究的学者，她的研究成果为后续资源理论学说提供了有益的理论借鉴。此后多位学者通过对企业内部组织对企业成长造成影响的因素进行深层剖析，并将企业的成长归结于是集资源、能力与演化过程的共同行为结果。彭罗斯试图能在保持理论独立与稳定性的同时，将理论知识实际运用于企业成长中。彭罗斯的企业成长理论强调决定企业成长的基础在于企业内部所蕴含的多方资源，不仅包括人力与物力资源，也包括内部行政与管理能力。企业实现成长取决于多方资源的共同作用，实现资源的合理配置是促进企业发展的根本。彭罗斯认为企业内生力能够通过生产产品或者推行服务助推企业获取赢利的能力，而获取这种能力的过程也被称为企业内生演化过程。演化是为了促成企业最终实现相应目标或服务内容。由于资源本身具备一些特征限制无法通过分割的方式在企业各个组织环节中均衡分布，彭罗斯认为企业内部实际上是存在大量的限制性资源，而这些资源多呈现闲置状态，并未充分发挥出利用价值。彭罗斯认为企业成长不只单纯地追求规模经济，还需要关注企业内部资源的累积与沉淀，通过发现与挖掘潜在与闲置资源将这些资源进行再次的开发与利用，以此来降低企业投入成本，为企业成长创造更多额外收益。企业的成长速度与质量与企业内部适应演变的能力成正比。企业之所以出现成长停滞究其原因是缺乏必要的内部发展条件，如资金储备不足、管理效率低下、风险控制意识淡薄、适应能力弱等。

科斯创立的现代企业理论。在前现代企业成长理论中，西方的经济学者普遍认为市场在达到饱和状态时资源可以实现自行配置，整个体系的运营过程应该是充分围绕需求而做出调整。当时西方经济发展势头更侧重于建立大型的运作企业，他们更希望能将生产行为进行集中管理，但随着更多学者的深入研究发现在企业运作过程中通常会产生一些非自发性的协调问题。科斯在前现代企业成长的理论观点上重新对企业的性质进行了阐述，否定了前现代企业成长理论中认为企业内部生产资源的自行配置是基于价格基础的理论。他认为企业管理者调动作用对企业发展过程中生产资源的配置具有重要影响。市场的运作主要是以交易价格作为协调根本，而企业则是通过内化的方式改变传统市场交易的运作轨迹，取代原始资源配置的协调机制，企业性质的产生可以从多种层面出发。交易机制是建立在一定的成本基础上，当企业产生经济活动时可以通过签订契约的形式，缩短经济活动运行周期，减少部分投入成本，契约的关系成立时间越长相应的保障时间也就越久。科斯认为企业的发展规模是有限的，随着企业规模的不断发展企业内部组织结构也会根据发展需要不断做出调整，无形中也提升了企业成本。从市场供给层面来看在不同时期，企业所需生产要素的交易价格并不是固定的，如果在短时间内产生要素价格上涨，企业就需要投入更多的交易成本。相应的企业流水线规模越大所需要付出的成本也就越多。在现代企业成长理论中，企业发展规模的大小取决于交易成本以及组织成本的相对值。

（三）企业成长理论对涉农企业的指导意义

从根本上解决资源要素与竞争力提升的问题。资源要素作为促进企业发展的重要基础，对企业的成长与发展产生了至关重要的影响。企业资源大致被分为五大类，即实物资源、组织资源、管理资源、人力资源以及技术资源。而对企业的成长起到至关重要作用的主要是管理资源、技术资源与组织资源。不同企业对于各项资源的运用形式存在差异，这也使得资源在运用过程中产生了不同的结果。彭罗斯的企业成长论认为决定企业成长的因素包括企业内部所蕴含的多方资源，由资源产生的一系列行为是推进企业演化的途径，资源要素是促进企业成长提升企业竞争优势的重要方面，然而企业内部组织涉及的资源众多，需要从多角度进行整体规划重视资源的特征与关联，实现资源间的互补。技术资源优势成为保持企业竞争力的特殊战略资源，企业管理资源水平的高低主要取决于管理层人员的决策能力与协调能力，从技术资源层面来看企业蕴含许多异质性资源与不完全流动性资源，这些资源通常很难被竞争对手复制或模仿。我国企业应该在理论知识的应用基础上，大力发展技术资源市场，引进先进技术，并通过学习技术与知识，掌握其中的应用要领，再结合自身发展实际，构建出符合自身特色的企业发展战略。需要重视员工素质的整体提升，由个人独立能力向集体能力的转化，实现与企业的共同成长。除此之外，还需要关注企业组织资源与企业竞争力之间的联系。企业内部蕴含复杂的组织结构与分工体系，主要负责控制与协调企业战略计划的运转。企业组织结构是可以通过复制或模仿构建的，但控制与协调能力却不能通过模仿手段获取，企业在不断优化内部组织结构的同时，更应该注重对内部协调能力的提升。遵循现代化扁平式管理理念，促进不同层次间信息的有效沟通，降低部门间协调成本，提升企业内部组织运转效率。

企业家精神是企业创新成长的必要手段。彭罗斯在《企业成长理论》中强调企业家精神，将企业家称为企业资源的探索者与开发者，主要负责发现资源并将资源的最大效能应用于企业成长过程中。在激烈的竞争市场中始终保持企业的竞争优势仅靠企业家发掘资源的能力还是远远不够的，还需要不断巩固与加强自身能力的提升。除此之外，还需要具备充分发掘外部市场资源的能力，在稳定内部发展的同时，对内部资源进行有效的填充，以此来保证企业拥有足够的发展条件。在企业发展中期阶段，这时的企业通常已经步入发展稳定期，企业的规模也伴随成长步伐逐渐扩张。发展规模的增长也就意味着员工数量的增长，员工数量的增多相应的管理难度也会加大。因此，企业家在发挥自身企业家精神的同时，还应推动企业做好其他关键要素的转变，加快企业决策层所有权与经营权的分离，为企业开发出更多高质量、高价值的创新产品与服务。

构建符合我国国情的企业成长观念。企业成长理论是基于新古典经济理论产生的，通过理论阐述，我们可以了解对事物的本质及其运作规律，对促进我国企业成长具有重要的指导意义。尽管企业成长理论为我国企业发展提供了诸多经验借鉴，但在理论与实践结合的过程中出现了许多不兼容现象。这是因为企业成长理论的产生背景与我国传统经济发展体系有差异，它是在西方经济背景下产生的，主要研究方向也是围绕西方经济市场展开的，因此，理论知识无法满足我国经济市场发展要求。尽管西方企业成长理论并不能全面适用于我国企业发展，但理论中仍然包含许多可被借鉴的研究方法。应构建更符合中国国情的企业成长思路，使其能够适应我国企业发展实践。企业成长理论与实践对企业成长模式的创新具有多方面的作用，通过全新的视角研究企业成长，是对传统理论创新的有效尝试。创新中国企业成长理论需要明确我国企业发展与西方企业成长理论的差异，通过哲学的角度进行理论创新。企业是由具有经济和社会相互作用和融合而形成的组织，企业成长则是在这些复杂的关系中，不断产生矛盾与解决矛盾的循环过程。理论的角度向我们诠释了企业发展需要树立与时代相适应的发展观念，协调企业内部资源配置处理企业成长中面临的内在问题，构建符合我国国情的企业成长观念。

二 利益相关者理论

（一）利益相关者理论的基本含义

利益相关者的概念最早是在 20 世纪 60 年代提出的。当时斯坦福大学的研究小组通过对生存观的深入研究，发现企业周围蕴含多种利益团体，而企业无论从生存还是发展层面来看，都与这些利益团体有着紧密的联系。他们认为，如果失去这些利益团体的支撑，企业也将失去生存支柱。随着全球化经济的不断扩张与持续推进，相关理论不断丰富完善，出现了多种学派观点，其中较为突出的是利益相关者管理理论，它是由费里曼在管理学基础上，针对企业管理提出的一项重要理论，他认为企业的发展、诉求以及投入和参与过程，都是与不同利益追求群体密不可分的，在企业发起经济活动时，需要通过管理效能全面平衡各个与企业经济活动相关联的群体利益。

（二）主要观点

企业依存观。从利益相关者理论的发展阶段来看，其在每一个阶段的主要研究内容与重点都有所区别。第一个阶段是企业依存观，它是由斯坦福学院首次提出利益相关者概念开始的，在该理论还未涉足企业管理之前，研究小组是通过对企业生存的角度，向人们阐述了利益关系在企业生存与发展中的必要性。之后不同学派的学者针对不同角度对企业与利益相关者的关联进行各自的表述。以安索夫为代表的计划学派，从企业发展的角度分析了利益相关者对企业发展环境造成的潜在影响。该学派认为企业发展的根本在于利益回报，利益作为企业发展始终追求的目标，企业要想发展就需要随时关注与其利益相关的因素，并充分掌握利益相关者可能对公司发展造成的负面影响，进而采取相应的手段阻止损害利益的现象发生。组织理论学派与系统理论学派，在研究利益相关者理论时采用了相同的角度，从资源层面出发指出了企业的发展需要依赖资源的支持。企业作为一个提供产品与服务的组织，需要关注与自身产品及服务有关的利益群体，并通过交换形式赋予产品及服务应有的价值。

战略管理观。20 世纪 80 年代，以费里曼为首的战略管理学派，从经济管理学角度重新对利益相关者理论进行了阐述。他认为对企业来说，利益相关者强调的是对企业经济的推动作用，企业的运转更多是围绕利益相关者进行的，他从经济管理的角度重新定义了利益相关者的主体地位，并强调了其在促进企业发展中的重要作用。他提出企业应该围绕利益相关者进行财富创造的观点，以利益相关者为主体的企业战略管理制定，推动了利益相关者理论的发展。

动态发展观。从 20 世纪末至今，随着经济发展常态化进程的推进，国民经济也随着多方动态演化逐渐呈现出经济增长趋势。从企业与利益相关者的变化角度出发，以动态视角对企业发展的不同性质与范畴进行研究，阐述实现企业与利益相关者的共同发展机制，以及相关制度对企业运转效率的影响。在以米切尔、卡罗为代表的规范性商业学派中，他们认为传统理论中对利益相关者的定义不够全面与具体，只能映射出表面与企业利益相关的群体，应该从更加广阔的层面出发，将所有受企业影响的利益相关者纳入其中。在米切尔的规范性商业理论中，将与企业利益有关联的群体大致分为三个范围，即影响力范围、合法性范围以及紧急性范围。他认为不同范围内参与企业管理的实际状况与流程是不同的，在不同的范围内，利益相关者既有可能是直接关系，也有可能是间接关系，但无论以何种方式参与利益关联，都必须是建立在公平公正的基础之上。

（三）利益相关者理论对涉农企业的指导意义

从利益相关者角度出发，企业改造的本质就是通过制定相应的约束机制，对各利益相关者进行有机整合，从而促使多方共同利益关联者形成制衡关系。利益相关者涵盖范围极其广泛，不仅包含企业所有者与管理者，也包括员工、供应商、消费者等与企业产生利益交集的群体。而企业的运行与发展则需要依靠各方利益群体的共同作用。在传统的企业发展模式中追求降本增效为目标，而忽略了利益相关者对企业发展的影响，未能有效实现与企业利益共存、风险共担的关系，利益制衡机制未能充分发挥效能。企业应该对利益相关者具备充分的认知，不能将其在企业发展中利益贡献的大小作为评判标准，而忽视其存在的重要性，应在平衡不同利益相关者利益的基础上构建企业核心竞争力，实现可持续发展。良好的外部发展环境对社会责任的实现具有重要的促进作用，营造良好的外部发展环境，促进企业承担社会责任，能够使企业更多地考虑到消费者与社会组织的共同利益需求，提高企业经济发展加强对社会责任感的塑造，为促进企业可持续发展奠定基础。

三　委托代理理论

（一）委托代理理论的基本含义

委托代理理论是在西方制度经济学契约理论的基础上提出的，通过外部经济市场环境的运行规律对特定的系统展开研究。委托代理关系是其中一个或多个行为者主要基于合同关系指定和雇用他人，在这种关系中后者获得了一定的决定权和相应的行为补偿。西方管理的理论论证是从代理人的角度出发的，代理人被视为一种经济假设，在以去中心化为特征的现代企业视角下，企业所有者（委托人）和企业经营者（代理人）在参与企业整体发展的过程中，目标定位和最终追求也是不同的，委托代理理论还阐述了激励相容问题，委托代理理论就是委托人和代理人应在企业权利分离的基础上，各自发挥出最大效力，保证企业内部机制的稳定运行以及二者不同的利益追求。委托代理理论在过去的几十年中迅速发展，为契约理论体系发展做出了突出贡献，也为我国进行国有企业改革提供了创新性的思路。委托代理理论的不断完善和更新，赋予契约理论体系新的发展活力，也对于我国涉农企业发展具有积极的推动作用。在委托代理理论中，企业的所有者赋予另一方对企业进行经营管理的权力，与代理者构成雇佣关系，由代理者使用所有者赋予其的经营管理权力，参与企业相关的经济活动。最终根据代理者在经营管理权力使用期间的各项行为所实现的产出，并结合过程性评价的结果，由所有者向经营者提供一定的经济报酬。在委托代理关系中，所有者也叫作委托人，其追求的是经济权益的最大化，而经营者也叫作代理人，其需要以所有者追求为目标，采取有效措施，实现企业科学经营，并通过良好的过程性表现及最终产出，获取自身的劳动报酬。在这段关系中，国有企业经理作为委托人，将一定的权力赋予雇员，使其作为代理人发挥权力，参与企业经营管理。另外，对于一些普通企业而言，股东担任的是委托人角色，而经理则担任代理人角色。股东希望经理能够努力工作，从而改善企业盈利情况，实现稳定运营，最终满足股东的经济效益追求，实现效用最大化。另外，委托代理理论还可以用于管理学范畴内相关问题的解释，例如政府行为和政府治理措施中存在的一些现象的解释等，地方政府与中央政府利益目标的不同以及信息的不对称现象，或者不同的部门层级对相关资源的调配，也可以采用委托代理理论的思想进行解释。总之，在委托代理关系形成的过程中，委托人和代理人存在一定的利益冲突以及信息不对称现象，二者追求的利益目标也各不相同。而形成委托代理关系的目的就在于实现双方利益的最大化。基于经营权与控制权分离的现实情况，委托代理关系通过契约的形式明确了双方在这段关系中应当采取的行动以及秉承的基本原则，并对最终代理人报酬的支付做出了明确的规定。通过激励机制的设置和约束条件，代理人才能够为实现委托人目标付出努力，最终使得委托代理关系的存续能够服务于委托人与代理人的权益，使双方获得既定的收益目标。

委托代理指的是一方将自己在某项活动中的权力赋予另一方，由另一方代替自己行使权力，这就可以认为双方形成了委托代理的关系。其中，赋予权力的一方被称作委托人，行使权力的一方被称作代理人。之后随着经济学不断发展与完善，委托代理关系和相关概念在经济学领域有所延伸，特别是企业两权分离现象出现之后，学者认为两权分离现象产生了信息不对称的问题，从而将参与经济活动的主体所面临的信息不对称现象影响的一些关系定义为委托代理关系，委托代理关系是随着两权分离后信息不对称现象发生的，在现代企业制度不断发展的过程中，随着外部经济环境的变动，企业管理和运行的传统模式开始逐渐发生转变，当企业的所有权和经营权出现分离之后，如何适应企业经营与企业所有权的最新变化，保障企业发展成为难题。在此之前，企业的所有者负责关于企业经营的一切事务，因此不存在企业经营权与所有权分离过程中产生的信息不对称现象。但随着市场竞争越发激烈，生产社会化程度不断加深，企业要想在复杂多变的外部环境要素影响下始终维持良好运作，实现经济利益的最大化以及企业规模的不断扩大，就需要优化管理。这就对企业的管理效率以及经营管理能力提出了更加严格的要求。在新的经济环境影响下，企业经营既需要具备一定的专业经验，又需要具有知识理论的充分储备。针对企业经营管理能力效率提升的实际需求以及所有者群体素质的基本情况，产生了职业经理人，也使得企业经营权和所有权逐渐分离，并在企业的所有者以及经营者之间形成了委托代理关系，企业实际经营管理的权力过渡到职业经理人的手中。

（二）主要观点

在传统的政治经济学中，市场经济被认为是由资本主义市场运作形成的一种特有现象。随着我国现代化改革的深入，才逐渐开启了企业现代化发展之路。计划经济体制阐述了市场经济的运转规律以及市场商品、价值与货币间的联系，开启了社会主义体制建设的发展新模式。计划经济更符合当时社会主义经济建设的本质要求，而市场经济无法满足社会主义发展的方向要求，将市场经济相关要素进行束缚和限制。我国将研究重点放在对社会主义经济各项要素的价值规律探索方面，研究的主题也是围绕市场经济是否应该涵盖在社会主义的建设内容，党的十一届三中全会是我国市场机制的转折点，在该次会议中，首次尝试将市场调节加入我国经济体制建设，使我国社会主义市场经济改革成效初见雏形，随着党的十二届、十三届三中全会的依次召开，我国在号召科学发展的前提下，逐渐形成以计划经济为主，市场经济为辅的全面经济体制构建，如何从公平、公正的角度，实现以社会经济发展为主、计划经济为辅的发展模式，一直以来都是我国社会主义经济市场改革的核心问题。马克思从所有制理论角度对商品价值进行了系统性阐述，认为社会主义才是促进经济公平发展的有效手段。马克思的经济总论是基于对不同社会经济体之间的共同点的总结，不同的社会发展其在本质与特征方面也会存在一定的不同，把马克思主义理论应用于社会实践，并通过实践结果总结出了一条适合我国实现改革的解放思想发展之路，为未来改革奠定了明确的发展目标与方向。从以往的改革实践经验中可以看出，要想建立起健全的市场经济体制，就需要确定正确的改革目标与方向。需要从不同的角度出发，对社会经济中的各项要素进行充分的分析，在了解各项要素含义的基础上，再进行充分利用，以此来促进社会经济的发展。构建完善的社会主义制度对推进经济发展具有相当重要的作用，它能从一定程度上反映出经济的发展阶段与程度，产品的主要实现形式与运行方式也各有不同。在所有制结构方面，我国提倡以公有制经济作为主导，以其他非公经济作为补充。优先遵循共同富裕的根本目标，以市场为依托，采用按劳分配形式，以此来促进共同经济发展。以公有制为主导的社会经济发展，将社会主义发展理念与市场经济进行结合，使资源配置能够达到最优。

从委托代理理论产生的源头来看，委托代理理论源于一些经济学家对企业成长发展机制的相关研究，并在经济学范畴及管理学范畴实现进一步延伸。具体来讲，委托代理理论与企业信息不对称现象息息相关，也与企业的激励机制存在渊源。经济学家出于对企业信息不对称现象与激励机制的研究而逐渐萌生了委托代理理论，其产生的原因主要是由于委托人需要通过契约具体条款的设计从而实现代理人积极行为的目的。通过深入研究代理人与委托人双方之间存在的利益矛盾以及信息不对称现象，通过委托代理关系明确双方权责，从而保障代理人行为符合委托人的期望，进而保障契约的有效性。相较于企业内部人员，专业经理人所具备更加优势的资源，在占有量、专业管理素养方面都显示出了优于企业内部人员的特点，因此将企业所有权与经营管理权分开是最能够保障企业盈利的有效方法之一。并且通过契约条款的约定，将相关的委托代理过程中涉及的经营权下放及薪酬支付等细节进行明确，从而调节委托人与代理人之间的利益冲突及目标不一致性，从而平衡委托代理关系中双方权责，保障委托代理关系的稳定。再加上激励机制的设定，避免委托代理过程中可能存在的问题，最终实现双方效用最大化。

虽然委托代理存在多种形式的代理类型，其本质都是围绕共同的分析逻辑，要求代理人在接受委托人决策权力的同时，发挥出最大限度的效用，为委托人提供有利于其利益的行为或服务。在"经济人"假设前提中，委托代理理论中存在委托人与代理人利益冲突的问题，代理方式的产生，是为了让委托人通过有效的方式与途径达成预定目标，但如果这个方式无法保障委托人的合法权益，也就违背了推行委托代理制度的初衷。因此，有必要通过建立有效的约束机制，对代理人的相关行为进行监督与规范。在制定约束机制时，需要规范代理人行为，也要保障代理人的合法权益，委托人支付给代理的人报酬数量应不低于其从事其他经济活动时所获取的市场机会成本，通过设立激励机制，在代理人按照委托任务完成或超额完成委托目标时，应给予适当的奖励，通过有效的激励机制降低委托代理风险。委托代理理论是经济学领域为了解决委托代理问题而产生的一种理论，该理论解决机制的设立主要是为了组织委托人与代理人之间的关系，通过设计出最优合同来平衡二者之间的利益关联。解决机制的建立需要充分围绕双方利益平衡进行，优化传统契约机制。在传统契约签订过程中，委托人通常只关注代理人的行为能力，在确认代理人具备的能力能够满足自身任务要求时，便会对代理人承诺相应的报酬，从而达成合作代理关系。在传统契约机制中，代理人通常只需要承担与自身行为相关的有限责任，对业绩追求缺乏积极表现，需要通过优化传统契约机制，适当增加风险共存制度，将委托人与代理人的利益进行有效关联，从而强化代理人的责任意识，以此来保证委托代理关系的收效最大化。构建有效的信息沟通渠道，在委托代理关系中，通过构建有效的信息获取渠道，让委托人能够准确及时地获取相关委托信息，从而降低代理人损害委托人利益的风险。

（三）基本假设

委托代理理论的假设前提。委托代理理论的理性"经济人"假设中，参与代理的双方各自追求的利益目标是不同的，委托人通过付出相应报酬的形式，雇佣他人帮助达成期望的利润目标，而代理人则是追求自身利益最大化。这里所指的报酬可以是物质形式的，也可以是非物质形式的，如升职加薪、股票转增等。但由于双方的利益出发点与最终目标追求不同，二者之间存在利益冲突。在"经济人"假设框架内，委托人和代理人都希望自身付出的行动能够换回应有的回报。委托人认为自身付出了报酬，代理人就应该努力为自己达成追求目标，代理人则希望委托人能够付出更多的报酬。由于存在信息不对称，委托人并不能对代理人进行实时监控，如果这时代理人通过其他途径获取委托人未掌握的信息，并将对自己有利的信息进行隐瞒，就可能借助此类信息为自己谋求更多额外收益，致使委托人利益受损。因此，委托人有必要通过相关约束机制，以契约形式降低双方利益冲突。

委托代理是一个属于经济学范畴的概念，委托代理理论的基本思想就是在这段关系中，委托人希望代理人能够服务于自身追求经济效用最大化的目标，但由于信息不对称现象，委托人不能完全接收代理人具体的行动计划或者措施，只能通过对产出结果的观察来推测代理人的相关行为以及过程性表现。而实际上代理人工作的产出结果不仅与其自身的努力程度有关，也受到外界因素的影响。因此，在委托代理关系中，委托人能够获得的关于代理人的信息是不完全的。在经济学中，具有模型化的假设来获取关于委托代理问题的解决思路，通过激励机制的设置保障委托代理关系的稳定运行，例如在信息经济学中，其研究委托代理的重点在于为实现委托人利益保障的目的而探讨契约的最优化。通过契约推动代理人进行积极行为保障委托人权益。因此，该范畴中的委托代理关系界定范围也比较宽泛，只要是存在信息不对称现象的交易，就可以看作委托代理关系的存在。在信息不对称现象影响下，代理人具备信息优势。代理人与委托人作为独立个体，其中委托人所具备的信息优势较少，而利益最大化的实现则与委托人和代理人所掌握的信息情况存在影响作用。从本质上看，在利益驱使下具备了信息优势的一方很难与另一方进行积极的信息共享，这就使得信息不对称现象产生，并且使得委托代理关系得以形成。信息的不对称现象是委托代理关系产生与形成的重要基础。当代理人获得授权之后进行的企业经营管理活动过程中，委托人不能对其努力的程度进行观测和评价，只能通过代理人工作的结果产出进行推测。但实际上，委托人不能确定代理人进行经营管理的结果产出是自身努力的结果，还是受到外部因素的影响，这就造成了信息的不对称。有时代理人凭借自身的信息优势，做出只服务于自身利益而忽略委托人权益的行为。

在对委托代理理论进行研究的过程中，应当就该理论的构建思索研究范式与研究假设。而委托代理理论的构建基础就在于两个基本假设，其范式是新古典经济学的研究范式。其中，第一个假设是委托人与代理人之间存在一定的利益冲突。由于委托人和代理人都是独立个体，其参与委托代理关系均代表着各自的利益追求。而作为企业所有者，委托人要实现自身效用最大化，主要就是看代理人行为所导致的具体结果。一定意义上说，代理人越努力其可能带来越多的产出效果，也更能够实现委托人利益。因此，委托人更关注的是代理人的努力给自己带来了什么产出结果，而对于其中的过程则并不需要关注。而代理人则更关心的是其自身的努力所获得的经济报酬。由此可见，委托人在委托代理关系中能够获得的收益情况与代理人的努力息息相关，也可以说是受到代理人成本影响。而代理人在委托代理关系中的收益主要体现在委托人支付的报酬中，或者说是委托人的成本中。因此，委托人与代理人作为独立个体，其利益存在冲突与矛盾，在这个前提下，代理人出于对利益的考虑，一些行为可能受到影响。由此出现了代理人利用决策权产生的一些不当行为，这些行为只服务于代理人权益，而对委托人利益可能存在损害。第二个假设是委托人和代理人之间存在信息不对称现象。委托代理理论的提出还有一个重要假设就是信息不对称现象。在委托代理理论的基本思想中，委托方和代理方存在一定的信息不对称现象。在这样的现象影响下，委托人无法直观地感受到代理人的行为积极度，也缺少相应的第三方工具去辅助证明。委托代理理论中，委托代理关系的收益性与代理人的付出与努力存在较深的影响关系，而代理人的具体表现是可衡量的。当委托人对于代理人的行为积极性无法掌握时，就有可能出现代理人凭借信息优势出现忽略或者损害委托人权益的行为。为此，在委托代理关系契约当中，代理人的努力程度等不能证实的指标不能作为契约条款的内容，因为不能证实则无法判定是否违约。由此可见，委托代理关系中的契约应当能够促进代理人努力的积极行为。当信息不对称现象没有产生时，双方能够获取一致的信息程度，在委托代理关系中，委托人可以具体评测代理人的选择与努力，对代理人行为进行评价和量化，也能够依据代理人行为确定薪酬及奖惩。但一旦信息不对称现象发生，双方所掌握的信息程度不一，其具备的信息优势也不同。在这样的现象影响下，委托人无法对代理人的具体行为进行评测，但从实际上看，代理人产出成果与其自身努力确实存在关系，但并不能说是决定性作用，除了代理人主观因素外，也会受到外界因素的影响。

非对称性信息为我们指明了研究委托代理理论过程中的两个具体方向：一是时间方向，主要是指非对称信息在怎样的时间节点上产生。二是具体内容，主要是指非对称信息具体表现在哪些内容。并从这两个具体方向出发，延伸出了现代信息经济学的基本问题。问题一是逆向选择。在选择代理人的类型时，代理人与委托人之间存在信息不对称现象，继而引发逆向选择问题。代理人在选择过程中，通过隐藏真实信息使委托人在进行代理人选择时无法正确判断。问题二是道德风险。委托人和代理人签约完成后，信息对称现象结束，进入自然选择阶段，委托人只能通过代理人行为造成的结果推测代理人行动。而一些代理人没有充分努力，降低了自身投入来实现效用的提升，就会导致委托人利益受损。道德风险问题往往发生在委托代理关系确认之后，特别是合同签订完成之后。问题三是信号传递。在委托代理关系中，信息优势与信息劣势的双方将相关信号进行传递，从而影响委托人进行代理人选择的过程是信息传递，通过信号来进行委托代理合同的签订。问题四是信息的甄别。主要指的是委托方通过合约条款的设置来对信息优势进行区分，并实现帕累托改进的过程。在委托代理理论的四个基本问题中，逆向选择和道德风险的相关问题在研究委托代理理论及委托代理关系时占据着重要地位。尤其是逆向选择问题影响下，一些委托方在进行代理人选择时向一些低水平的企业倾斜，使得相关资源配置失衡。要解决这一问题，就要减少信息不对称现象，优化信息共享机制，从而减少由于信息不对称现象引起的矛盾，并且对双方合作产生影响。而道德风险问题上，由于信息的不对称可能产生代理人损害委托人利益的情况，因此需要相应的激励机制来改善这一问题。在委托代理关系存续期间，由于委托人只能通过推测来确定代理人的努力程度，这就容易使得委托代理关系受到一定的制约，还需要相应的激励机制来进行平衡。激励机制的选择与设计应当遵循两个前提：其一是参与约束。当代理人接受委托时，应当设置期望收益与合约预期收益相一致。其二是激励相容约束。激励相容约束指的是委托合约不但要有利于委托人效用提升，还要保障代理人可获取的效用及实现的收益。如果信息是对称的，那么委托人只需要保障参与约束条件的有效性就能够实现效用提升，但如果信息不对称，那么需要同时满足两个前提条件才能够使得约束激励机制发挥效果。

（四）委托代理理论对涉农企业的指导意义

2002 年起，我国从政策层面肯定股权激励，并积极鼓励企业开展股权激励的有关尝试，国家还颁发了相关指导意见，为企业进行股权激励尝试创造良好的政策环境引导，并在公司法等相关法律中，将股权激励的系列措施进行完善。2005 年股权分置改革的实施为股权激励制度的普及奠定了基础。2016 年，证监会发布上市公司股权激励管理办法，对于企业在进行股权激励过程中的空白地带进一步进行阐释，为企业开展股权激励起到重要的指导作用。在国家政策和法律的引导和保障作用下，我国企业纷纷开始股权激励的有关尝试，实现企业竞争优势的建立和综合实力的提升。我国的股权激励制度不断完善，股权激励是对薪酬制度的一项重要补充，是有效调动企业高层管理人员建立责任意识、提升工作积极性的重要手段，也是优化企业治理机制、提高企业运行效率的有效路径。当前，我国上市公司股权激励开创了多元化的激励模式，最常见的是股票期权和限制性股票模式。另外，还包含股票增值权和虚拟股票等。其中，股票期权指的是通过期权费与到期日的设定，使被激励对象可以在协议价格基础上对一定数量的股票进行买卖。而限制性股票则指的是设定一些业绩条件后，如果被激励对象达成业绩目标，就可以被授予将一定数量的股票进行交易的权力。股票增值权是与认购权相结合的，也是企业授予被激励对象的一种激励行为，被激励对象可以获取期末股票价格超出约定部分的收益。而虚拟股票则指被激励对象能够获得股票分红，也能够凭借股价上升获得收益，但虚拟股票与实际股票不同之处在于，被激励对象持有虚拟股票的情况下，无法对该股票进行转让或者交易，并且被激励对象对企业也没有所有权。我国当前具备了企业进行股权激励的大环境，也从政策与制度的层面为企业开展股权激励计划提供了重要保障。但在股权激励计划的实际实施过程中，仍然存在一些问题。并且，当一些高级管理人员被授予股权激励时，其自身所具备的权力也在不断增强。在利益驱使下，可能引发一些寻租行为，并且在实际责任履行的过程中也可能出现一些偏离激励动机的决策。这些问题的存在限制了股权激励计划的实效性，也不利于我国上市企业提升综合实力。目前股权激励实施过程中可能遇到的阻碍与资本市场的健全程度有关，也与企业自身的治理结构与管理有关。另外，针对股权激励自身，也存在有效期不够长、缺乏相关绩效考核体系进行配合等原因。要使股权激励的积极作用得到完全发挥，就需要有针对性改善这些问题，对引起企业股权激励计划不能顺利运行的因素进行分析，使股权激励机制能够与企业社会责任履行机制实现融合。

从委托代理视角和治理效率的视角，股权激励对于提升企业整体实力，优化治理效率与质量具有明显的有效性。具体表现在优化企业财务绩效与非财务绩效，帮助企业打造竞争优势，促进企业成长。随着企业所有权与经营权的分离以及职业经理人的诞生，现代企业在发展过程中要实现自身愿景，维持委托代理关系的稳定，避免代理人在企业经营管理过程中由于对自身利益的追求而做出违背委托人意愿、侵害委托人利益的决策行为，就需要发挥股权激励的优势，建立代理人责任意识，打造代理人与企业利益的一致性，从而实现企业治理效率的提升和优化。股权激励是对企业优秀管理人才的有效激励措施，在股权激励机制的影响下，企业能够实现综合实力的优化，由此带来绩效表现的提升，使企业能够达成利润率目标，创造市场价值。具体来看，股权激励的有效性首先表现在企业营运能力的增强方面。运营能力反映了企业的运转情况，并通过资金使用等具体指标提供了判断企业经营情况的重要依据。企业的营运需要资产和资金资源基础作为重要保障，因此企业必须具备一定的资金来维持相关业务的稳定运行，而企业营运的关键就是资金的利用效率。当企业采取股权激励制度时，在存货周转率和应收账款周转速度等财务指标方面可以实现优化。股权激励使得企业人员有效提升工作积极性，使企业实现市场开拓与资产变现能力的增强，还会通过治理结构优化有效提升应收账款周转率，使得企业资金使用效率得以提升。

其次，股权激励的有效性还表现在对盈利能力及创新能力的提升方面。企业作为市场经济活动主体，其建成和运行的目的就是获取经济利益。为此，企业在发展过程中必须以利润追求作为根本，维持其盈利能力，才能够实现产业链条的维稳，保障企业的市场地位。而盈利能力就表现为某一个生产周期内企业能够通过产品销售获取利润的情况以及具体的质量，并通过每股利润、净资产收益等具体指标来体现。企业实施股权激励之后，能够有效带动代理人从委托人利益以及共同利益的角度出发，进行企业经营的相关决策，从而实现企业每股收益的提升。在股权激励影响下，企业绩效得以有效提升，创造利润的能力也会不断增强，使净资产收益率实现稳步增长。由于企业治理效率的提升，其进行市场活动能够获得稳定收益，使利润水平能够保持有效稳定，还会通过运营成本的整体可控，为企业创造更加宽松的利润空间。并且，持续优化的股权激励方案还会使得股权激励机制能够持续性实现企业盈利能力的上升，使企业维持经营利润的稳定，提升企业的销售获利能力。另外，企业得以在经济市场维持竞争优势的一个重要原因就在于技术竞争力。只有当企业保持技术创新时，才会在市场竞争中建立竞争优势，提升自身市场竞争力。而在现代企业制度影响下，企业的所有权以及经营权是相互独立的状态，企业所有者授权职业经理人进行企业经营管理的实际决策。作为企业股东，其保留企业所有权但不直接参与决策。委托代理模式能够保障职业经理人发挥其专业素养，实现企业经营管理科学决策。但同时，也会由于信息的不对称现象产生委托代理问题，导致委托人和代理人由于利益追求不同和目标差异而引发道德风险问题。而企业创新是一项长期过程，其风险程度也很高，这就容易导致理性经济人出于逃避风险及责任的思想使得企业创新进度缓慢。股权激励计划能够通过统一利益的建立有效激发企业技术开发动力，使得企业人员能够以充分的工作积极性与责任意识开展工作，有助于发挥技术创新的价值，帮助企业实现技术进步与创新以及市场占有率提升。

再次，股权激励的有效性还表现在企业偿债能力的强化方面，稳定了企业的现金流，并通过流动资产的提升对短期欠款进行偿还，使企业的流动资产足够对流动负债进行清偿。在委托代理视角和治理效率视角下，如果企业运行过程中委托代理关系不稳定，使得代理人没有按照协议要求进行企业经营管理活动，抑或代理人存在决策失误等现象时，就有可能导致企业的现金流出现问题，进而引起企业运营管理波动以及融资困难程度增加的系列反应。为此，需要积极发挥股权激励的有效性，借助股权激励制度的推进，发挥股权激励对于企业生产能力提升的促进作用，维持资产负债率的稳定。股权激励能够促进企业短期偿债能力与长期偿债能力的稳定与提升，使得资金链条得以优化，在保障财务安全的前提下维持资产负债率水平，实现企业整体发展。加强管理者激励是使经营者决策能够立足于企业长远发展的必要保障。在资本市场上，股价反映了企业股票中的内在价值，既包含股利，也包括未来进行股票出售时的现值。因此，在股权激励机制的影响作用下，经营者必须充分立足于企业的短期利益与长远利益。由此可见，股权激励机制是经营者决策立足于企业长远发展的必要保障。从治理层激励与管理层激励的视角看，加强董事长激励与总经理激励使得管理层的个人利益能够与企业长远利益相结合，进而影响经营者的决策，使经营者决策始终为企业长远发展服务。作为一种长期的激励手段，股权激励不仅能够有效发挥激励作用，同时还可以实现经营者约束。经营者为达成股权激励的相关条件，需要付出充分努力，从而实现企业业绩的提升，为股东创造价值，才能够获得剩余索取权。由于委托代理关系中存在的信息不对称现象，企业必须通过有效的薪酬体系来缓解委托代理问题，使董事长及总经理的个人利益、所得薪酬以及企业整体利益能够紧密结合起来，提升企业绩效。加强董事长激励与总经理激励是达成企业人力资源优化目标的必要手段。在股权激励机制的影响下，被激励人员需要通过加强自身努力，提升工作业绩来获得更多收益，不仅能够激发被激励人员的潜能，还能够帮助企业进行有效的人才筛选。实际上，股权激励机制可以与竞争机制相结合，使企业发掘能力更加出众的管理人员，并通过与薪酬机制的配合实现企业整体人力资源的优化。在股权激励机制中设置持有期及等待期等约束性条款，使得被激励人员需要考虑退出成本，从而能够有效保持经营者的长期稳定。

最后，股权激励的有效性还表现在对企业整体成长能力的优化方面，帮助企业稳定行业地位，并有效发掘潜在的发展机会，抓住市场机遇。股权激励能够有效带动企业成长，实现市场份额的扩大。企业的成长与发展始终离不开市场环境，而在多变的市场环境中实现企业经济进步与成长能力提升，就需要企业在资本规模和盈利能力等方面不断优化。而股权激励机制能够通过委托代理关系的稳定及治理效率的不断提升，挖掘企业的发展潜力，从而使企业实现价值增量的根本目标，使企业的生产经营能力得以提升，实现企业的高质量发展。企业的市场份额占有率说明企业在市场上所获取的认可程度，也是企业绩效表现的重要指标。企业发展必须关注市场份额，不仅包含市场份额数量，还需要不断提升市场份额质量，从而使得市场份额能够及时向企业绩效进行转变。从委托代理视角和治理效率视角看，企业开展股权激励计划，能够使得委托方与代理方形成利益共同体，使得被激励人员能够最大限度发挥其价值，更好地为企业提供服务。在委托代理关系的影响下，企业代理人能够发挥其专业素养，实现企业利润的增长和运营效率的提升。同时由于共同利益的影响，代理人能够建立企业发展的长远眼光，在可持续发展观念引导下进行企业经营管理相关决策，并且引导企业优化人才储备，实现短期利益与长期利益的兼顾，并使得企业市场份额和营业收入增长率得以提升。股权激励的有效性还可以通过一些非财务指标来体现。基于委托代理理论与治理效率的视角，企业进行股权激励机制的相关改革存在一定动因，例如优化整体人才素养和加快企业技术研发速度等。股权激励能够提升对于核心管理人才的吸引力，建立员工与企业发展利益共同体，防止关键人员流失，提升治理效率，企业实施股权激励计划能够吸引更多高学历和高素质的人才，优化企业员工受教育结构和整体素质，进而促进企业技术研发效率提升，加快企业技术革新，从而能够建立市场竞争优势，实现可持续发展。在股权激励影响下，企业发展前景更加明朗，以此增加投资者信心，使企业在资本市场能够良性发展，为企业综合实力的提升和长期发展提供内在和外在的双向驱动力。从治理层激励与管理层激励的视角看，加强激励是保障经营者能够掌握企业剩余索取权的必要手段。股权激励计划能够优化经营者决策，使经营者在进行企业经营管理相关决策拟定的过程中能够从所有者的利益出发，以所有者利益与自身共同利益的角度进行相关决策，避免理性人决策现象。由此可见，股票价格的上涨，不仅能够为企业股东创造效益，还能够保障经营者实现企业剩余索取权。

第三章　一体化战略、资源配置对企业成长的作用机制分析

第一节　一体化战略影响企业成长的作用机制

一体化战略可以促进涉农企业产品价值链的优化增值,加快涉农企业打造规模效应,保障涉农企业内部控制质量。

一　一体化战略促进涉农企业产品价值链的优化增值

农工一体化得益于生产力的高度发展,将产品的加工销售环节集中化。农工一体化能够将农业生产中的各部门进行组织,突破组织间沟通壁垒,减少矛盾。在一体化战略下,涉农企业能够与非农单位紧密结合,实现自产自销,提升产品价值。对于农工一体化企业而言,农产品生产从种植、加工、流通、销售等多个环节组成价值链,一体化战略推进的过程就是对涉农企业实现价值链优化和增值的过程。企业价值在经济学中就是降低劳动成本,在财务学领域则侧重现金流能力的提升。在管理学企业价值的关键在于企业战略的推行,其管理秩序是否得到稳定和改善,企业是否具有核心竞争力等方面。由于农业企业生产的不确定性,企业价值和产品增值目标的达成需要以源头农产品产出供应为前提。但对于涉农企业而言,农产品增值环节主要看加工部分,这就导致了涉农企业产业价值链条存在不对称现象,而一体化战略为实现涉农企业价值链增值提供了基本思路,对企业成长存在一定的影响作用。

一体化战略可以降低涉农企业的交易成本。根据农产品生产链条

运行特点，从涉农企业产品生产环节的前后单位看，一些相互依赖、矛盾统一的关系使得各单位将农产品生产实现组织化作为行动目标，能够通过管理控制措施保障稳定运营秩序，实现企业成长和发展。由于农业生产的特殊性，农产品的供应和生产受到自然条件的影响较大，尤其是一些自然风险和技术限制因素对农产品供应生产的作用明显，一旦发生自然风险，或者面临无法突破的技术限制，就会使得农产品供应中断，也影响了农业生产一体化经营模式的实施，使企业经营面临着一定的风险。为此，一些涉农企业选择纵向一体化战略，一定程度上可以突破技术发展的"瓶颈"，更加适应农产品生产弹性与消费弹性之间的关系，尽量避免农产品供应和生产的中断现象，保障企业原材料环节的持续性。另外，纵向一体化战略还能够对原材料采购环节起到一定的保障作用。在涉农企业成长过程中，一体化战略能有效稳定企业价值链条，理顺上下游产业的沟通协调机制，使农产品供应能够更加符合市场供需的实际。并且，一体化战略还可以为农产品流通提供保障，将市场上的需求信息向企业进行传递，并以此调整企业生产计划，使企业农产品生产供应能够更好地吻合市场需要，降低销售环节的不确定性，避免产品过剩或者脱销引起的供需不匹配现象造成的企业压力。涉农企业的农工一体化战略帮助企业保障原材料价格和质量，从源头为农产品质量保障奠定基础，为最终产品质量保障和维持创造了条件，并且通过原料供应环节的稳定，使交易费用实现优化，缓和企业的成本压力。

一体化战略可以降低涉农企业的契约风险，农产品采购环节的契约风险降低主要表现在农产品价格波动方面，农产品交易价格以契约价格的形式出现，市场价格则以契约价格为基准，围绕契约价格上下波动。有时市场价格与契约价格相差较大，就会导致契约履行难度提升，导致原材料供应困难农业企业生产受阻。在农产品质量环节的契约风险大多出现在初级农产品市场。由于农产品质量判定难度较大，需要相关的经验，在初级农产品市场进行农产品质量判定时有时会出现偏差，选择了以次充好的原材料及农产品。作为产业链开端，原料安全和质量对于最终农产品质量而言非常重要，如果原料环节质量得不到保障，就会对整个农产品供应环节产生威胁，使最终产品缺少质量保障。因此，涉农企业开展一体化经营战略，能够将初级农产品生产阶段划入企业内部价值链条中，对初级农产品质量提供有效保障。另外，随着网络技术逐渐发达，企业进行市场调研可以借助多种网络工具，收集关于农产品加工价格、数量等关键信息，由于信息不对称的存在，损害了农户的经济利益，使企业与农户之间的信任关系遭到破坏，影响了企业原材料供应环节的稳定性，进而实现价值链的优化和增值。

涉农企业一体化战略促进价值链的优化增值还表现在深加工环节对经济效益的影响方面。在一体化战略的影响下，初级农产品的加工能够进行优化和升级，创造产品附加值，使价值增值环节得到充分发挥，实现农产品向精加工转变，加快树立农产品优质品牌形象，发挥品牌的影响力，实现市场扩张，稳定客户群体。另外，农产品的精深加工还可以更加耦合消费者的需求，有利于打造现代化的农业产品，为企业增加价值，实现企业价值链的整体优化升值。一体化战略还可以通过优化物流加强协作来实现价值链优化增值。在一体化战略影响下，不同部门的流通效率得到提升，一些自然属性强的农产品能够获得更好地保存和运输，使鲜活农产品能够供应更远的市场。另外，物流环节的优化还能够更好地适应农产品生产周期特点，打破物流地域之间的障碍，实现统一的农产品流通。对于涉农企业而言，一体化战略能够发掘企业潜在经济资源和科技实力，开创企业间的全新合作关系，由外部向内部转变，提高产品周转率，提升技术共享程度，实现协调发展，最终迎来劳动生产率的提升和价值链优化升级。

二　一体化战略加快涉农企业打造规模效应

近年来，国家不断颁发相关政策和文件扶持农业的发展。为此，必须通过农产品流通体系的构建，顺应数字经济时代的发展方向，优化农产品流通，推动农业产业化发展，梳理农产品流通管理质量，使农产品流通能够适应信息技术的整体发展趋势。随着数字乡村战略的推出，为农产品流通体系的构建创造了宝贵机遇，为多样化农产品流通主体的形成创造了条件，有助于农产品流通效率的不断提升，也为农产品流通平台的建立提供了重要助力。农产品经生产者产出后，由生产地向销售地流通到消费者手上。在农产品的流通过程中，涵盖了生产、运输、包装等多个环节，涉及农产品存储和配送等多项业务。一些农产品在流通运输过程中，产生了较大的损耗，导致生产者利益受损。农产品流通链条下的利益分配机制也很不科学，不利于维护基层农户的利益。而在农产品流通优化过程中，管理体制、基础建设、技术等要素均占据着重要地位，其对于我国农产品流通质量提升和组织创新具有重要意义。通过农产品流通的优化，可以打通原有粮食流通链条，梳理各环节，引导分工机制及组织结构体系的整体完善，实现农产品流通主体的多元化。农产品的流通主体以经济利益为导向参与流通过程，一些零售商、农民、第三方等都可以是农产品的流通主体。具体到农产品流通运行的过程中，多样化的流通主体能够促进农产品流通过程的顺利进行，助力交易活动的最终完成。数字乡村战略的提出，能够有效丰富农产品流通主体类型，使农产品流通主体呈现多样化的特点。不仅一些农产品的种植和生产者能够作为重要流通主体参与农产品流通体系的构建，一些中介机构等第三方力量也积极参与流通活动，并激发了不同形式的农产品流通，激发农产品流通体系的整体活力。并且还产生了农产品流通经纪人等新型主体，帮助农民与供应商达成联系与沟通，从而为农产品交易的完成提供积极作用。从宏观层面进行分析，农产品流通经纪人承担的是桥梁和枢纽的角色，将农产品的生产和消费环节联系起来，也使得农产品流通中第三方中介组织体系更加完整。而农业合作社也开展了功能升级，不仅关注农产品的流通环节，也逐渐向运输和加工环节进行延伸。

企业开展横向一体化经营，能够有效扩大企业规模，及时调整产品布局，打造规模经济的发展优势，创造规模效应。同时，又能够提升自身的竞争能力，从而缓解产品成本压力，实现市场占有率和客户群体的稳固，维持自身的已有竞争优势，提高自身的竞争力。但横向一体化进行产业转移的成本和资源需求较严格，受到反垄断的影响较深远，对于管理整合也面临着许多难题。而纵向一体化经营模式则通过链条上下游企业的沟通协作，使整条产业链能够延伸优化，能有效优化资源配置。通过上下游协作，产品交易成本能够获得持续性优化，产品质量和供应也能够实现稳定，以利润转移的思想提升价值链条整体价值。但对于涉农企业而言，产品供应还可以在灵活性上进一步优化，并且有的企业在进行纵向一体化经营模式改革时上下游的单位无法实现密切配合，也为企业造成了相当程度的管理压力。在一体化经营模式影响下，企业能够合理配置资源，扶持核心业务，带动企业整体发展。对于涉农企业而言，核心业务对于稳定企业市场与顾客群体具有关键作用。因此，保障核心业务稳固是企业求发展的基本方略，也是企业打造规模效益的重要根基。在企业进行一体化经营战略时，需要扩大自身的产品范围和市场，在市场竞争中保持核心竞争力，为新市场和新客户群体的开拓提供支持性资源。企业推行一体化战略，为企业进行资源管理和参与市场竞争提供了新的思路，从企业自身资源和能力出发，结合行业发展前景以及顾客期望，在激烈的市场竞争中赢得市场份额，获取经济效益。其中既包括品牌效力，又包括企业管理质量和财务指标的优化。基于企业一体化战略，协调企业管理秩序，从而保障企业打造规模经济的发展优势，实现企业成长。在品牌力范畴，涉农企业要从市场和产品角度出发，了解消费者的实际需求，顺应市场的发展趋势进行产品升级改造，推出特色化的产品，树立品牌价值与形象，吸引投资。保障涉农企业在农产品采购环节的议价能力，降低成本压力。通过零售商关系维护与改善，稳定零售环节的基本秩序，打造服务优势。提升销售收入和经营利润，优化宣传比重和流动资金储备，为实现规模经济提供基本保障。

规模经济发展是企业成长的重要路径，企业相关人员必须建立正确认识，一体化战略的推进能够帮助企业的管理层转变思想，认识到涉农企业规模经济效益打造的重要性，实现原有产业价值链的外延，提升行业准入门槛，实现产业升级。在一体化战略影响下，涉农企业管理能够优化企业员工整体素质，实现管理格局的整体提升，进而作用于企业整体管理秩序，实现内部管理质量的优化和经营效益增长。另外，涉农企业的一体化战略能有效打造和完善循环经济系统，促进企业规模效益优势的实现。对于不同的一体化循环经济系统而言，同质与不同质是同时存在于一体化系统中的。这些竞争关系能够作为推动要素激发循环经济的运行，为循环经济系统创造适宜的外部压力，并优化涉农企业的供应链。紧密型经济循环组织建立产权连接，是核心企业纵向一体化的另一种表现，有的也会以股份合作制的形式开展，在这种模式下核心企业进行统筹，组织协调成本低，易于保障控制质量，但结构存在一定僵化性和潜在风险。半紧密半松散型一体化循环经济组织通过订单和合同联结，保障了节点企业的独立性，但相对刚性也较强，协调难度大。松散型一体化循环经济组织没有产权或者合同的连接，依靠市场进行衔接，使节点企业的灵活性得到最大化保障，但对于农产品原料和质量供给的作用收效也较弱，难以达成协调机制。通过涉农企业一体化战略的演变与推进，能够积极参与循环经济组织系统运作机制，参与组织信息共享。

涉农企业一体化战略的推进能够将企业资源与流程进行系统梳理，优化企业内部管理控制环境，打造互补型的管理战略，将行业的壁垒进行拔高，有效提升行业准入的门槛，减少潜在竞争者的数量。在垄断杠杆和市场排挤效应的作用下，涉农企业一体化战略能够塑造自身竞争优势，创造垄断利润，发展规模经济。另外，一体化战略还有助于企业创新机制的构建，尤其是对于价值链下游单位而言，能够产生一定的价格推动力，使企业在创新激励的作用下加大创新投入，从而获取较好的创新绩效表现。在涉农企业创新机制中，由于交易的复杂性和不确定性，市场交易成本和风险要素都会影响企业创新效果，因此企业需要借助一体化战略，与上下游单位进行整合，实现资源的优化配置，获得良好的创新表现。涉农企业的一体化战略还能够有效加强内部整合效率，优化决策，提升企业绩效。这个影响作用不仅作用于企业短期绩效，也对长期绩效具有持续性的改善效果，有助于企业内部管理效率的优化提升，深化信息共享程度和质量，为企业实现规模效益创造条件。一体化战略能够使企业运营环节加强交互，优化时间成本，创造更有利于农产品加工和销售、运输的链条。并促进价值链上下游单位的创新活动，以资产专用性为主线参与市场竞争，优化并购绩效和组织演进机制运行秩序。在一体化战略影响下，企业的经济价值和核心竞争力都能够进行适当调整，进一步明确价值链的分工，精准把控企业的战略定位，使价值链的整体维度实现提升，并作用于企业财务绩效，使涉农企业发展更加符合行业发展需求，逐步向规模经济发展，打造新的竞争优势，促进企业成长。

三 一体化战略保障涉农企业内部控制质量

经济利益是企业经营模式转型升级的内在动力。涉农企业的一体化经营模式和一体化战略能够有效优化交易环节的费用成本，提升企业价值。具体到实践层面企业盈利能力的提升和经营模式转型升级是多种要素综合作用的结果，一体化战略能够有效保障企业内部控制质量，尤其是会计信息质量的控制，建立更加明确的价值导向，实现涉农企业整体治理结构的优化完善。对于涉农企业而言，内部控制涉及农产品价值链上的各个环节，从成本到质量，再到资金，都对涉农企业内部控制质量形成考验。在一体化战略的影响下，涉农企业能够有效重构财务管理的决策支持系统，优化财务运行秩序，加强内部审计力度，助力企业的成长与发展。涉农企业在运营过程中，借助一体化战略的推进，能够对内部控制质量进行考量，建立企业成员共同认定和维护的经营管理秩序，不断提升经营效率，优化财务报告质量。企业的内部控制需要以约束、防护、监督、评价等关键环节为手段，以实现组织发展目标为目的，促进财务管理质量的不断优化。良好的内部控制质量能有效推进价值链运作，实现涉农企业农产品供应、生产销售和流通各环节的有序管理，弥补了企业治理层面可能存在的各项不足。在一体化战略影响下，企业内部实现有序控制，将基础运作的各个环节与企业价值链连接起来，保障各个环节的流畅运行和紧密协作，一体化涉农企业能够凭借多元化的职能进行内部控制质量的稳定与优化，提升企业的核心竞争力。

一体化战略保障涉农企业内部控制质量，促进企业成长，从财务管理看，一体化战略促进涉农企业资本循环，为企业创造价值，厘清资本管理秩序，使资金资源能够分配到企业业务链的所需环节，产生现金流和其他管理资本收益。尤其是对于对季节要求较高的农业生产而言，现金流和经营稳定性，以及内部控制质量至关重要，因此，一体化战略保障涉农企业内部控制质量，就是由内而外的保障企业价值链盈利能力稳健，提高投资效率。在管理学领域，通过企业内部管理手段确定企业战略，是企业竞争力形成的重要根据。在一体化战略影响下，涉农企业能够形成逻辑统一的控制制度，正常发挥企业管理约束与激励措施的作用，稳定企业的核心竞争力，打造价格优势和其他市场竞争优势。企业内部控制目标并不是一成不变的，而是随着社会经济发展和市场环境变化适时调整。随着内部控制力度的深化，逐渐建立起企业战略，经营目标和报告体系的完整框架。内部控制对于企业价值链管理的业务流程整体优化具有重要意义。一体化战略为企业内部控制提供了重要保障，发掘价值链上潜在的增值点，并减少系统中的摩擦点，使节点单位得以加固，具体可以表现在质量、成本、业务、资金控制等多个方面。

一体化战略能够加速企业质量链条的重构，带动各节点以终极产品质量保障为基准，开展协调工作，完成农产品在价值链上的顺利传递和转换。从成本控制角度看，价值链条的延长使冗余成本增多，为企业构建成本控制系统创造了条件。对于涉农企业而言，成本控制是通过对各项成本展开分析再作用于业务前端的过程，要深入了解涉农企业各环节的成本构成情况，找寻价值链条上成本控制的点，对相应成本必要性进行准确定位，并建立持续性优化措施。一体化战略为企业提供市场信息，帮助企业紧贴客户需求优化经营成本，从而实现内部控制质量的整体提升，市场竞争地位得以稳固。另外，由于涉农企业产品层次丰富，从原料到成品涉及多种产品层次，这就对企业成本分析能力提出了更严格的要求。在一体化战略影响下，对各层次的产品展开成本分析，有利于实现企业成本管控，从资金控制的角度看，一体化战略推进能够保障企业资金供应稳定性，更加能适应企业关于资金资源的需求，服务于企业长期战略目标。为此，涉农企业要以资金成本降低和资金来源稳定为目标，优化资金系统，建立资金预警机制，保障资金投放效率。从业务控制的角度看，一体化战略视域下，企业采购、销售等业务环节服务于产成品质量保障的需要，尤其对种植业来说，从育种到租地，各项采购都需要结合市场需求与企业实际需要，内化企业价值链，保障企业运营秩序和内部控制的稳定。而销售环节作为农产品价值实现的关键环节，涉农企业需要一体化战略为市场销售行为进行指引，进行销售渠道和市场、客户群体的维护。涉农企业可以发挥一体化经营模式的优势，建立多层次的分销机制，实现内部控制系统的整体优化和价值创造，以多层次立体化的信息管理系统助力企业成长。

第二节 资源配置影响企业成长的作用机制

资源配置助推涉农企业的技术创新活动，资源配置影响涉农企业组织经济绩效水平，资源配置有效促进企业竞争力的提升。

一 资源配置助推涉农企业的技术创新活动

自主创新指的是企业对已有技术进行探索，突破技术"瓶颈"，并实现商业化从中获取利润的过程。自主创新是在企业内独立完成的，对一些企业的核心技术能够具有一定的保护作用，企业提升自主创新能力，能够实现自身能力优势的打造，强化企业的核心竞争力，稳固市场份额。而合作创新是指将不同的经济主体联结起来，合作进行技术创新。在合作创新模式中，各经济主体可以共同分担所需投入的资源，并且合作项目中的风险也可以实现分散化。不同主体在共同的创新目标引领下进行资源和信息的共享，实现技术研究与开发，共享利润成果。从资源观层面出发，企业运营过程中的各项环节都需要有资源的支撑，而企业的技术创新活动必然也需要一定的资源支持。资源配置能够激发涉农企业的技术创新活动，要结合企业自身实际和所拥有的资源情况展开分析，选择更加适合企业自身的创新模式，提升企业核心竞争力。在涉农企业进行技术研发创新的过程中，需要通过各项资源的合理配置和对自身资源状态的准确分析进行创新模式选择，尤其是对于冗余资源紧张的企业而言，在进行战略创新项目时存在一定的局限性，无法为项目提供充分的资源支持，导致技术创新项目无法开展或者面临项目中断的风险。由此可见，资源配置对涉农企业的成长和技术创新活动的顺利实施具有重要意义，良好的资源配置措施能够帮助企业创造创新环境，实现技术创新突破。资源配置能够承载企业技术创新所需要的资源，支持不确定结果的创新项目试验，保障涉农企业技术创新突破的顺利开展。涉农企业进行技术自主创新以企业内发力量为支撑，并且能够系统化提升企业研发能力。但不同于合作创新模式，企业自主创新对成本投入的要求也比较高。

　　另外，资源配置能力也影响着涉农企业进行自主创新和合作创新方式的选择，企业要基于对资源配置能力的考量，结合创新支持和对当前风险评估情况，进行相关创新决策。涉农企业选择自主创新模式，如果企业存在资源配置方面失衡，导致无法提供充分的资源开展技术创新，就会影响技术创新的质量。由于技术创新的不确定性较强，一旦创新项目没有获得预期效果，就会给企业造成更多的市场风险。而对于资源配置实现优化的企业而言，能够挖掘更多的冗余资源，进行创新项目的投入，一定程度上可以提升技术创新成功率，能够承担技术创新失败所带来的影响和风险。可见企业资源配置能力影响着冗余资源状态，继而对企业在自主创新和合作创新方式的选择上产生影响。对于涉农企业而言，企业具备充分的资源利用，能够以自主创新的方式探索技术创新突破点，帮助企业获取创新收益。而当一些企业缺乏冗余资源时，便可以考虑采用合作创新的模式，发挥合作创新对企业资源投入少以及风险分散的优势。专用性冗余由于和企业经营业务密切相关，尤其是企业进行突变创新的过程中，专用性冗余资源难以发挥作用，会提升企业资源配置难度，造成较大的成本压力，不利于企业技术创新的开展，但专用性冗余资源能够为企业技术创新发挥作用，提供资源支持，帮助企业在技术细节方面进行调整和优化。而一般性资源利用能够在多个范围内使用，因此受到的约束较少，从而获得竞争优势，因此一般性冗余资源能够支持企业技术创新。企业所需的是对现有流程细节的优化，而一般性冗余资源无法在这些方面发挥作用，因此一般性冗余资源在支持企业进行技术创新的收效不明显，不利于企业打造价格优势。

　　综上所述，资源配置在涉农企业经营过程中发挥重要作用，通过有效的资源配置手段，优化企业冗余资源储备，能够为涉农企业开展技术创新、突破技术"瓶颈"提供资源支持。为此，涉农企业需要根据自身实际，结合市场环境和自身技术优势与资源情况，选择自主创新和合作创新等模式，使企业技术创新项目能够获得最优的支持，保持技术优势，帮助企业提升市场占有率。要基于自身冗余资源情况和核心技术保护的原则，结合企业技术创新成本和项目预期进行综合分析，避免由于对创新模式判断失误而导致核心技术优势泄露或者创新项目失败、项目中止等风险。一般而言，专用性的资源利用能够有效支持企业的渐进创新，一般性资源利用则对企业技术创新具有重要的支持作用。资源配置能够协调涉农企业冗余资源储备，帮助企业建立技术优势，推进核心技术的商业化，并获取经济利润，实现企业成长。为此，在涉农企业经营发展过程中，必须正确发挥资源配置的效用，将资源配置放到涉农企业市场开拓的高度上，不断实现各项资源的优化配置，重视冗余资源管理，使资源配置能够正确发挥对企业技术创新活动的推动作用，加快技术创新促进企业快速稳定发展。

二 资源配置影响涉农企业组织经济绩效水平

资源配置对涉农企业组织经济绩效水平具有直接的影响作用，具体可以分为正向影响、负向影响和一些非线性关系影响机制。在研究初期阶段，普遍认为资源和企业绩效之间存在线性影响，但关于正负线性则存在不同观点，无法形成统一意见。随着研究的不断深入，逐渐加入了生命周期要素，对于资源配置影响企业经济绩效的机制资源配置与企业经济绩效之间的关系转而向"U"形、"S"形、倒"U"形等非线性关系展开探讨。从资源配置对涉农企业组织经济绩效水平的影响看，可以分为正向、负向、非线性三个方面来理解。从正向影响的角度，企业资源配置质量的提升为新项目的创新尝试提供了冗余资源储备。对于涉农企业而言，新产品进入市场存在一定的经营风险，但出于企业绩效要求，新产品上市对企业经济绩效的提升存在明显作用，此时，这些冗余资源储备为企业创新项目提供资源支持。由此可见，资源配置对企业经济绩效的优化具有正向作用。企业资源配置的目的在于优化企业冗余资源，提升资源利用率，而冗余资源的优化前提就是企业需要具备一定的冗余资源储备。但对于企业经营而言，冗余资源在当下的利用价值较低，要维持资源利用储备就需要企业进行一定的成本投入。企业进行资源配置，优化冗余资源储备，对企业管理成本造成一定的压力，还存在一些资源浪费的潜在威胁。当企业对冗余资源进行配置时，可能会存在不必要的投资分散化，造成多元化投资的假象，并不利于投资风险管理。企业在参与市场竞争的过程中，如果对市场反应速度降低，则会影响企业的经济绩效表现。

资源配置对涉农企业组织经济绩效水平还能够通过中介机制的方式产生影响作用，在研究资源配置对涉农企业组织经济绩效水平影响作用的过程中，发现了一些中介变量，其中包含技术创新，社会责任和多元化战略等，都能作为中介变量对资源配置和企业经济绩效之间的影响机制做出相关阐述。资源配置使企业能够抓住突破性创新的机遇，灵活实现创新突破。发挥资源配置对创新相关风险的支持，实现以资源配置优化促进技术创新得以顺利开展的有效机制，将资源作为促成企业创新的有效驱动。在社会责任行为层面，资源配置能够满足企业短期绩效目标，在短期绩效目标实现后，及时根据企业的长期战略规划确定新的目标。对于冗余资源储备较丰富的企业而言，这样的投资模式更加能够符合企业需求，资源配置能够促进涉农企业在构建绿色产业链、价格体系及分销制度方面的相关活动。也有一些观点认为资源利用随着经济绩效的优化而增加时，就会导致社会责任行为方面的弱化。在多元化战略方面，当涉农企业运营进入新的阶段后，而企业进行多元化经营模式改革就需要确立新的发展战略目标，并且对涉农企业自身资源情况提出更加明确的要求。涉农企业在推进多元化战略实施的过程中，能够拥有更多种类的冗余资源和资源存储量，对企业多元化经营起到更加明显的推动作用。通常来讲，当企业具备一些冗余资源时，为优化资源配置，就会考虑多元化经营模式，随着潜在的冗余资源增长，企业就能够深化多元化程度，从多元化的经营模式中促进战略目标的实现，稳固市场地位。另外，企业资源状态和冗余资源数量还会对其进行战略转型的程度存在一定的影响作用。专用性冗余资源能促进企业实现战略转型，而一般性冗余资源与企业战略转型之间则呈现非线性的影响关系，并且还会受到市场环境因素的影响。资源配置对涉农企业组织经济绩效的影响还体现在调节机制方面，在调节机制相关研究中，环境因素对资源配置与经济绩效之间的影响关系起到调节作用，风险投资者等主体都从资源利用角度发挥与企业经济绩效之间影响关系进行调节。在这个调节机制中，保障稳定的经营秩序，并且为创新试验提供宽松的环境。资源配置范畴中，冗余资源作为一种调节变量，还可以影响涉农企业管理质量和人力资源管理质量的优化，促进资源配置对涉农企业成长机制的调节作用。

三 资源配置有效促进企业竞争力的提升

在资源配置的前提下，企业各种资源形成动态有序的结合状态，对企业运行提供支持。企业可以利用不同的配置方式，不断提升企业资源管理和配置的能力，提升资源的利用率，促进企业资源配置能力提升。企业的生存与成长与企业资源能力息息相关，对于涉农企业而言，要想实现快速发展和稳定生存，就要从资源配置的角度，发挥资源配置对企业竞争力的促进作用。企业资源配置的质量就是企业生存发展质量的根基，不具备资源配置能力，资源配置的能力也代表着企业发展的前景，能够有效形成企业发展的愿景和预期，为企业生产力提升和吸引外部投资奠定基础。企业生产力是由不同类型的资源组成的，保持企业生产力始终处于活跃状态，激发资源活力，发挥资源应有的作用。涉农企业的管理过程中要深入了解当前企业的资源情况，并且能够对这些资源的合理利用及服务价值进行准确分析，提升企业的资源利用能力与企业核心竞争力。资源潜力是企业生存发展的重要基石，它为企业竞争力的打造提供了有力保障，更无法实际改善企业的生产力水平，激发企业发展活力。涉农企业必须要基于自身战略发展前景，将所具有的资源进行整合，对各项资源进行准确定位，从而提升对于资源的运用能力。在涉农企业成长发展过程中，资源配置能力事关企业潜在资源的发掘和应用，继而影响企业竞争力的提升。优化企业各项资源的配置，及时发掘潜在资源，减少冗余资源对企业成本造成的压力，并将资源利用率最大化。对于涉农企业而言，潜在资源和资源存量对于企业发展具有不同的作用，通过资源配置能够协调各项资源的应用，使各项资源都能够在合适的时间节点作用于企业发展，提升企业运作效率，并为企业技术创新提供支持。但如果缺少了资源配置的能力，就会导致资源闲置，不仅无法为企业发展起到积极作用，还会造成资源浪费和成本上升。

有效的资源配置可以为涉农企业资源使用的方向提供引导作用。资源配置通过对企业所拥有资源情况的分析，对一些资源存量进行准确的定位，将合适的资源用在合适的位置。有效的资源配置还可以对多种资源进行整合。既包括将企业现有的资源实现合理利用，又包括对潜在资源进行充分挖掘。尤其是当企业现有资源不足以支撑企业战略发展目标的实现时，企业就要启动相应的资源配置通过资源协调来弥补缺口，实现资源供给链条的持续性。资源整合能力可以划分为两部分：一是对资源进行协调，建立动态机制，共同作用于企业战略目标的实现。二是积极引进外部资源，打破企业成长"瓶颈"。企业资源如何使用，要紧贴市场发展需求，并且符合市场价格体系的实际需要，实现由低收益向高收益流转的态势。在企业经营过程中，还要考虑资源禀赋的因素，结合市场竞争与收益的平衡点进行资源配置操作。企业对资源进行定位的过程反映了资源配置的性质。如果企业对资源定位判断失误，就会提升资源整合的难度对企业发展形成阻力。资源配置影响企业核心竞争力的打造，与企业能否具备良好的资源整合管理能力有关，积极发掘企业所具备的潜在资源，优化企业整体的资源配置效果。企业竞争力、潜在资源以及资源配置的能力三者之间构建起一种逻辑性关系，共同作用于企业成长。不同的企业规模对资源配置能力的要求也不相同，从企业规模层面分析，规模较小的企业更需要具备完善的资源配置能力，这主要是由于中小企业的资源储备基础较为薄弱，可利用的内部资源数量有限。部分实物资源可以在短期内获得，但无形的资源才是构成企业核心竞争力的关键，这些无形资源则需要企业在市场上逐渐积累。小型企业资源整合能力较弱，不足以保障企业维持核心竞争力，弥补规模和时间方面的不足，要想获取长足的进步和成长，还需要更多资源共同作用，优化资源配置能力，发挥资源配置对企业核心竞争力的促进作用，实现企业预期战略目标。

第三节　一体化战略、资源配置
对企业成长的影响

通过彼此关联的商业活动，进行资源整合和价值创造，有针对性地提供服务，从而达成最终的价值目标。国家大力支持和推进农业农村发展一体化，为建设涉农平台提供了初期所必备的各种政策扶持以及技术推广支持，帮助企业合理制定未来发展战略和运营策略，减少和降低平台新企业运营风险。采取差异化定价方式满足不同消费群体和用户的需求，一定程度解决平台在传统运营当中过度依赖规模经济型成长企业的问题。引导涉农企业重视产品创新，一体化战略可以弥补涉农企业创新意识不足的问题。通过核心业务带动附加业务的发展，不断向新的领域拓展，不仅可以提升企业品牌知名度，还能够最大限度满足不同客户的消费需求，提升企业核心竞争力。打造核心业务的品牌效应，吸引更多的市场客户群体，加强企业与客户之间的联系，形成双向有效沟通机制。资源配置对涉农企业成长作用机制具有较为重要的影响，企业实施多元化的运营策略时，会倾向于与行业龙头企业进行协同合作，加强企业之间的联系与沟通，将原本的两个单一的企业进行联合发挥各自的产品优势。协同效应并不单单指的是各个单元之间的简单连接，而是将原有的人力资源和物力资源进行科学合理的分配通过多元化的经营战略形成协同效应，提升企业市场竞争力。为涉农企业带来更多的经济利益，扩大市场潜力，发展多元化经营。涉农企业发展经营一段时间之后，企业在发展经营过程中，会产生部分剩余资源，这些资源有利于涉农企业降低企业运营成本，寻求新的市场增长点。为了最大化地发挥企业内部各种人力资源和物力资源的作用和价值，投入大量资金在企业多元化业务上，可以帮助企业不断拓宽产品领域，及时调整经营策略，增强企业行业竞争力。

一　资源约束视角下涉农企业发展的影响因素

涉农企业的生产成本管理因素。资源约束是我国平衡粗放经济发展模式后续影响的必然选择，也是现阶段平衡我国经济发展与资源利用关系的重要思想。资源约束理念产生于环境资源的实际情况，也是对于我国基本国情的正确认识。在资源约束视角下探讨涉农企业发展影响因素，是符合我国经济发展建设和农业生产过程中的资源利用模式特点的研究视角，也对缓解我国资源紧缺、提升资源利用率具有积极意义。但从涉农企业自身角度出发来进行分析，资源约束也对企业生产成本管理造成了一定程度的压力。在资源约束的影响下，涉农企业在生产经营过程中的相关可用资源将会减少，导致原材料供应紧张的情况出现，进而影响企业自身供应链的稳定。

涉农企业的转型升级因素。由于近年来，我国始终大力发展农业生产，对涉农企业出台了各项优惠政策扶持，实现了企业实力的不断提升和技术水平的不断优化。有利于涉农企业打造竞争优势，积极参与市场竞争，但在资源约束的影响下，涉农企业也可能遇到资源供应的一些"瓶颈"，从而面临着资金、人才等重要资源短缺的问题。对于涉农企业而言，进行企业的整体转型升级和科技创新需要比较完备的计划及费用资金的支持，但由于自身资源情况的限制，在企业融资的过程中会面临困难，例如虽然对于涉农企业具有较丰富的资金补贴，但由于涉农企业众多，政府财政紧张等，相关补贴也相当具有有限性，使得涉农企业并不能具备充分的资金能力，无法通过融资渠道来优化资金结构，实现企业转型升级。针对当前涉农企业的资源短缺现实问题，需要探索企业转型升级和技术进步的有效途径，才能够有机会突破资源约束困难，实现降本增效的目标，提升劳动生产率的提升和产品附加值的打造，从而培育新的市场竞争优势。

企业环保和生态形象因素。我国目前针对农村的环保与生态建设法规制度建设仍较为滞后，尚未建立起完整系统的农村生态建设的法律体系，无论是农药化肥的使用标准、工业生产的排污与环保投入情况，还是农村居民的日常生活垃圾处理等，都缺乏较为系统的规定与约束。资源约束视角下，由于对经济效益的追求，部分涉农企业没有认识到进行污染治理的必要性。并且由于污染治理的规范化运行存在相关的规定，要保障企业污染治理始终符合国家政策规定会给企业造成一定程度的资金压力，在这样的情况下，一些企业就容易舍弃环境保护而选择追求短期利益。此外，在监督机制约束下，涉农企业必须积极进行环保自查，根据国家政策及当地政府要求，对自身生产过程中的环境污染程度进行评定，改进产能低下、环境污染严重的项目，涉农企业要加快意识转变，从资源约束理念的角度，积极树立良好的企业形象，在新的经济发展时期及乡村振兴战略扶持下，我国涉农企业要积极承担社会责任，打造经济发展建设与环境保护的统一格局，加快生态经济基本框架的成型。

二　资源利用效率视角下涉农企业发展的影响因素

农业产业化推进程度。从资源利用效率的角度出发，农业产业化推进程度影响涉农企业的发展，主要表现在通过农业产业化经营模式的创新为涉农企业的发展提供了更多新的思路。农业产业化的推进及资源利用效率的影响下，涉农企业的生产经营模式能够加速从粗放型向集约效益型转变，从而对农业的整体发展起到积极作用。进而能够在资源利用效率的视角下优化关于农业生产的各项生产经营决策，提升资源利用的效率，为农业产业化经营模式的开展提供了有效助力。农业是我国国民经济的命脉，也是我国经济发展结构的重要基础，农业企业的成长发展对我国农业现代化的整体进程存在重要影响。对于涉农企业而言，要抓住国家政策扶持的红利，就需要基于资源利用效率的不断提升，抓住企业成长的机遇，实现企业成长和市场规模的扩大。

企业竞争优势的建立。涉农企业要实现稳定发展，就需要在企业运营发展的过程中，将一些内部优势资源及外部资源进行结合与积累，最终运用在企业生产率提升及市场地位稳固上来。由此可见，企业的资源利用效率与企业竞争优势的建立是息息相关的。只有积极发掘内部及外部的可利用资源，才能在复杂多变的市场环境下，建立竞争优势。对于涉农企业而言，其可利用的资源具有多样性，无论是运营关系还是政策、人力等多个方面，都是企业可利用资源的重要部分，另外，还涵盖了涉农企业的生产厂房、土地、资金、行业知识，客户和供应商以及国家政策补贴等多方面的内容。新的时代背景下，企业要不断发掘自身可利用的资源，即要提升资源开发的效率，借助大数据、信息化技术，掌握市场发展变化趋势，增强企业市场竞争力。在制定企业发展方略的过程中，企业要基于资源利用效率提升的角度，对自身资源存量状态开展综合性的分析，发掘潜在资源，优化资源投放与规划配置的细节，实现资源利用效率的最大化。

农产品品种扩充与技术进步。从资源利用效率的角度看，涉农企业发展还受到农产品品种扩充与技术进步的影响。在复杂多变的市场环境影响下，涉农企业要想实现稳定发展，就必须保障主导产品的竞争优势，并以此为基础，积极开拓市场，提升企业竞争力。因此，企业在维持主导产品竞争力的基础上，还要积极进行新产品创新、激活企业产品品类与发展活力，降低单一产品给企业带来的市场风险。尤其是涉农企业发展产业化经营模式的过程中，需要注意新品种的引入，并且加强技术投入，促进技术创新，实现技术资源利用效率的有效优化，为产品提供更多的附加值。加深农产品与绿色、有机等新环保概念的结合，提升企业的经营效益。

第四章　农工一体化、资源利用与企业成长的实证分析

第一节　制度背景

共同富裕是我国经济发展的整体目标，现代化经济体系的构成对于收入分配方面存在一定的要求，需要不断完善收入分配体系，以兼顾效率与公平的原则推进合理收入分配机制的形成。共同富裕是现代化经济体制发展的必然要求，要逐渐实现收入分配差距的合理管控，而涉农企业发展在实现共同富裕经济发展目标方面具有独特优势，涉农企业是我国实现共同富裕的重要保障。从所有制关系角度看，所有制关系影响着分配格局的形成，因此所有制对于经济发展方向具有重要的影响作用。在社会主义现代化经济体制的建设过程中，必须从涉农企业深化改革和建设发展入手，激发涉农企业竞争活力，增强涉农企业实力，优化收入分配机制。要在兼顾效率与公平的基础上正视我国当前收入分配差距的现状，采取切实可行的措施实现收入分配差距的科学化管理，优化初次分配与再分配。在初次分配进行过程中，不断完善涉农企业通过薪酬制度，通过效率与公平的兼顾实现薪资结构优化，并且保持一定程度的薪酬差异。在再分配环节，涉农企业的税收也为国家财政积累发挥重要的支持作用，使国家能够有一定程度的财政收入用于地区建设缩小收入差距，涉农企业对再分配质量提升发挥着重要作用，是促进现代化经济体系完善的重要力量。另外，涉农企业对于维护金融市场的整体稳定具有重要作用，从金融角度为实体

经济的稳定和金融体系的稳定起到保障与支撑作用。在科技创新进步的前提下，我国现代金融服务质量能够得到有效提升，并为实体经济发展提供依托。要实现经济高质量发展，发挥涉农企业对现代化经济体系建设的战略性作用，就需要重视创新驱动，不断激发创新潜能。通过涉农企业发展带动创新能力提升。随着我国国家经济建设迈入新的阶段，在现代化经济体系建设过程中，涉农企业具备推进我国经济发展高质量前进的重要作用。从根本上实现发展方式和理念的及时转变，有助于实现国家经济结构整体优化目标，涉农企业发展和竞争优势的形成，为国家经济增长提供重要支持。涉农企业发展能够通过促进科技创新进步，为经济建设整体布局助力。国家为促进农业产业与企业发展在 2013 年中央"一号文件"中首次提出工商资本下乡的相关战略。2014 年《关于全面深化农村改革加快推进农业现代化的若干意见》、2015 年《关于落实发展新理念加快农业现代化实现全面小康目标的若干意见》、2018 年《国家乡村振兴战略规划》、2019 年《关于建立健全城乡融合发展机制和政策体系的意见》、2020 年《社会资本投资农业农村指引》以及 2022 年党的二十大报告中都提到工商资本促进社会化服务有关内容。工商资本下乡可以有效改善当前不平衡的市场份额，帮助更多的中小型企业改善自身现有的运营状况，构建新型的商业思维，不断给企业发展注入新的活力和新鲜血液，减少贸易壁垒，不断调整自身的发展战略。农业是国民经济的基础，农业企业是农业产业发展的龙头，党和政府十分重视农业企业的发展并给予财税优惠等诸多政策支持。然而，受行业特性、经营模式和治理机制等的影响，农业企业的发展仍面临两个亟待解决的问题：一是产业链不完善、技术创新能力不强等制约了企业的成长能力；二是农业企业竞争意识不强、资源利用效率不高。这不仅约束了农业企业的成长能力，而且制约了工农互促政策和乡村振兴战略的实施效果。社会必须要重视"民"的作用，① 党的十九届五中全会多次强调"三农"

---

① 刘星：《中华优秀传统文化的传承发展研究》，中国社会科学出版社 2024 年版，第 119 页。

问题，并更加清晰地提出"优先发展农业农村，全面推进乡村振兴""以工补农、以城带乡"的政策方针。这意味着在构建现代化农村产业发展体系、推动农村"三产"融合的过程中，推动农业产业链融合已成为我国农业发展和农业企业增强竞争优势的重要方向。事实上，对农业企业而言，完善自身产业链和价值链是提升自身竞争优势的战略性选择。近年来，在相关政策的引导下，我国农业企业的农工一体化①的进程不断加快，已成为形成我国现代化农村产业发展体系、实现农村"三产"融合的重要机制，对企业价值链重构与经营绩效改进已取得显著成效。

然而，作为一种纵向一体化战略，农工一体化的实施与深化需要企业大量资源的支撑：一方面，产业链构建和向上下游企业的延伸可能会占用企业的大量资源；另一方面，伴随着产业链的延伸和重构，企业的经营模式和管理方式可能发生变革，这要求企业投入充足的资金和人力资本以支持整个产业链条的运行和资本周转。显然，通过农工一体化推动农业企业成长，需要企业拥有坚实的资源基础。需要指出的是，尽管企业成长理论认为企业拥有的资源是其成长的核心要素，但其资源的大量闲置可能造成资源的冗余，冗余资源的存在不仅代表了企业在资源利用和运营管理方面存在缺陷，而且容易产生代理冲突，不利于企业治理效率提升。综上可知，冗余资源是影响企业成长的"双刃剑"，既能够为企业产业链优化和运营模式重构提供基础，也可能导致企业经营效率降低。那么，在农工一体化这一特殊的经营模式下，农业企业对自身资源利用效率和效果如何，能否推进农业企业完善产业链从而促进自身成长？考虑到企业普遍存在的多元化经营特征，农工一体化战略会产生战略协同还是导致战略替代？现有文献尚未对这一问题做出回答。有鉴于此，本书基于 2007—2018 年我国沪深两市 A 股涉农上市企业的财务数据，将农工一体化、资源利用与企业成长纳入同一分析框架，试图对如下问题进行探讨：（1）农工一

---

① 綦好东、王瑜：《农工一体化企业价值链：纵向一体化收益与盈利模式重构——基于 A 股上市公司的分析》，《经济管理》2014 年第 9 期。

体化经营模式是否提高企业冗余资源的利用效率，从而促进企业成长？（2）多元化经营与农工一体化是否会形成战略协同，从而提高冗余资源对企业成长的促进作用？本章从企业经营战略与资源基础理论相结合的视角，探讨了农工一体化影响企业成长的机理，不但拓展了企业成长理论的研究视角；而且丰富了战略选择与企业成长关系的研究文献，并可为我国农业产业政策制定与优化提供参考。

第二节　理论分析与研究假设

本节从农工一体化战略、资源利用与涉农企业成长以及多元化战略与产权性质的异质性等方面展开理论分析，在此基础上提出研究假设。

一　农工一体化战略、资源利用与涉农企业成长

资源基础理论认为，企业所拥有的各类资源是其成长的基础；与外部市场结构相比，内生于企业本身的不同资源和能力才是企业获取市场优势的核心要素。基于这一理论观点，已有学者从要素配置角度对资源积累与企业成长的影响进行了考察，验证了人力资本、技术和知识等异质性要素对企业成长的作用，为企业资源积累提供了经验证据[1]。冗余资源作为企业内部已存在的闲置资源，使企业具备了在面临市场竞争或需要进行战略投资时随时进行资源调用或转化的能力，为其获取竞争优势和长期发展提供了资源基础。然而，从代理理论的视角看，冗余资源的存在本身不仅代表了企业在资源利用效率、投融资决策及运营管理等方面存在效率缺陷，而且容易激化委托代理矛盾。随着研究的深入，有学者根据其专用性和重置难度将冗余资源划分为非沉淀资源和沉淀资源，并探讨了其作用的异质性。他们认为，流动性与通用性较强、易于重置的非沉淀资源（如货币资金）对企业

---

① 王京、罗福凯：《技术—知识投资、要素资本配置与企业成长——来自我国资本市场的经验证据》，《南开管理评论》2017 年第 3 期。

的短期影响更强，而专用性较强、不易重置的沉淀资源（如人力资本、专用技术等）则更可能影响企业战略决策①。

尽管已有文献从管理效率、成本—收益匹配和技术创新等视角解释了冗余资源对企业成长与竞争优势的复杂影响，但这些解释均建立在一个隐含的假定之上，即企业应具有利用冗余资源的基础或空间；若企业无潜在或可能的投资与资源利用空间，则冗余的资源更可能引发代理问题，导致企业的次优决策②。企业竞争力依赖于其自身价值链的综合能力而非某个环节，而涉农企业的农工一体化经营模式不仅可以优化其内部各环节价值链，而且可以通过上下游整合形成产业价值链，提高自身竞争优势和发展能力。就资源利用与企业成长的关系而言，农工一体化模式带来的企业纵向一体化不仅会导致其需要更多的资源来构造和维系其上下游的产业链，需要其进行人力资本、技术乃至营销网络的投资，以匹配由于产业链的延伸导致的资源与管理需求。此外，一体化经营带来的交易成本节约和管理效率提高也可以有效降低资源流动和配置的成本，提高其单位收益。显然，在采取农工一体化经营模式的涉农企业中，非沉淀资源为其产业链构建和资源投资提供了短期的资金支持，而沉淀资源为其提供了有助于获得长期竞争优势的独特资源，从而为企业成长提供资源基础。与之相对，在未进行农工一体化经营的涉农企业中，资源利用的空间与效率损失可能导致企业运营和管理的低效，从而不利于提高企业成长能力。基于以上理论分析，本书提出如下研究假设：

H1a：在其他条件不变的情况下，在农工一体化企业中非沉淀资源能够促进企业成长。

H1b：在其他条件不变的情况下，在非农工一体化企业中非沉淀资源会约束企业成长。

---

① 于飞、刘明霞、王凌峰等：《知识耦合对制造企业绿色创新的影响机理——冗余资源的调节作用》，《南开管理评论》2019 年第 3 期。

② 于晓宇、陈颖颖：《冗余资源、创业拼凑与瞬时竞争优势》，《管理科学学报》2020年第 4 期。

H2a：在其他条件不变的情况下，在农工一体化企业中沉淀资源能够促进企业成长。

H2b：在其他条件不变的情况下，在非农工一体化企业中沉淀资源会约束企业成长。

二 多元化战略与产权性质的异质性

（一）多元化战略的异质性影响分析

已有研究发现，农工一体化经营模式不仅有利于完善企业的产业价值链和价值链，而且能够重构盈利模式，从而提高企业市场竞争与价值创造能力。尽管这一战略导向推动了不同经济主体的联合，增进了核心生产要素共享，提高了资源利用效率，并形成了一体化企业间的内部协作与范围经济①，但纵向一体化经营本身固有的缺点也使得其对企业成长存在诸多不利影响。就涉农企业的农工一体化模式而言，一方面，其纵向一体化在形成产业链以获取市场竞争优势的同时，也增大了其被产品市场或资产专用性"锁定"的风险，一旦消费者需求发生变化，企业将面临较高的经营风险，此时经营业务单一的企业面临的生存压力反而比多元化经营的企业更大；另一方面，纵向一体化本身构建的市场进入壁垒在很大程度上缓解了企业市场竞争和盈利的压力，这容易使企业的管理层产生惰性，也可能会不利于其资源利用和管理效率的提升。这意味着相对于经营业务单一的农工一体化企业，多元化经营更有利于企业发挥不同类型冗余资源的作用，提高其应对外部环境变化的资源基础和运营效率，从而促进企业成长。基于以上理论分析，本书提出如下研究假设：

H3a：在其他条件不变的情况下，与单一经营相比，多元化经营对农工一体化企业的非沉淀资源与企业成长正向关系的促进作用更大。

H3b：在其他条件不变的情况下，与单一经营相比，多元化经营对农工一体化企业的沉淀资源与企业成长正向关系的促进作用

---

① 王志刚、于滨铜：《农业产业化联合体概念内涵、组织边界与增效机制：安徽案例举证》，《中国农村经济》2019年第2期。

更大。

（二）产权性质的异质性影响分析

产权制度的差异导致了国有企业和非国有企业具有不同的资源禀赋与竞争压力。国有企业虽有政策性负担，但通常也可以获得来自政府的政策支持和竞争保护，在资金支持、人力资本与技术获取等资源积累方面相较于非国有企业具有较大优势，这可能会导致国有企业有更多的冗余资源。而且，考虑到国有企业在服从国家战略实施和国际市场竞争中的特殊地位，国有企业纵向一体化的程度可能更高。这意味着对涉农企业而言，相较于非国有企业，国有企业的农工一体化对冗余资源与企业成长正向关系的促进作用可能更为明显。进一步地，考虑到市场准入和政策支持的影响，国有企业的多元化经营范围和程度同样可能比非国有企业更大。这意味着与非国有企业相比，在农工一体化的国有企业中，多元化经营对冗余资源与企业成长正向关系的促进作用可能更大。有鉴于此，本书以实际控制人性质作为分组依据，考察在不同产权性质的企业中，农工一体化及多元化经营对冗余资源与企业成长关系的影响差异。

H4：在其他条件不变的情况下，与非国有企业相比，在农工一体化的国有企业中多元化经营对冗余资源与企业成长正向关系的促进作用可能更大。

第三节　研究设计

一　变量定义

（一）企业成长

已有文献对企业成长的考察主要集中于两个方面：一些学者倾向于从市场占有的视角衡量企业成长能力，主要运用销售收入增长率、市场份额增长率等指标进行测算；另有学者则强调企业自身的成长，倾向于运用资产规模增长率、利润增长率等指标测度企业成长水平①②③。事实上，企业的成长不仅表现在其市场份额方面，而且与其市场主动性相关。借鉴相关学者的研究方法，本书选取托宾 Q 值作为企业成长的代理变量，具体计算方法为：（流通股价值+非流通股价值+负债账面价值）／总资产。

（二）资源利用

作为留存于企业内部的、超出其现实需求但又可随时加以利用的闲置资源，冗余资源为企业战略调整和自身成长提供了物质基础。虽然有学者将冗余资源视为影响企业效率的消极成本，但也有学者看到了冗余资源在企业应对环境变化、市场开拓与价值创造方面的正面作用。在实际研究过程中，学者们往往根据其重置难度将冗余资源划分为非沉淀资源和沉淀资源。参考已有文献的方法④，非沉淀资源的计算方法为：流动资产／流动负债；沉淀资源的计算方法为：所有者权益／负债总额。相关学者认为，非沉淀资源代表了企业的短期偿债能力和投融资能力，反映的是企业短期内可以直接利用或能够迅速转化的容易资源的水平，该指标越大，说明企业"短期闲置"或尚未充分发挥"潜力"的资源越多，企业用以支持自身成长的"短期自由"资源约多；相应地，沉淀资源代表了企业长期偿债能力、负债（融资）能力和投资能力，能够反映出企业未来可以开发和利用的融资能力及投资能力，在一定程度上体现了支持企业长期发展的资源基础和潜力。

（三）农工一体化

随着市场竞争的日趋激烈，产业链竞争已成为企业获取竞争

---

① 祝继高、陆正飞：《货币政策、企业成长与现金持有水平变化》，《管理世界》2009 年第 3 期。

② 吴斌、刘灿辉、史建梁：《政府背景、高管人力资本特征与风险投资企业成长能力》，《会计研究》2011 年第 7 期。

③ 余泳泽、郭梦华、胡山：《社会失信环境与民营企业成长——来自城市失信人的经验证据》，《中国工业经济》2020 年第 9 期。

④ Herold, D. M, "Jayaraman, N., Narayanaswamy, C. R. . What Is the Relationship between Organizational Slack and Innovation?", *Journal of Managerial Issues*, Vol. 18, No. 3, 2006, pp. 372-392.

优势的重要手段。对涉农企业而言，农产品生产与加工的分离并不利于企业参与市场竞争，重构农工产业链接模式，实现农产品生产与加工各环节的有效链接，是涉农企业形成核心竞争力的重要途径。因此，本书基于相关学者的研究思路，以涉农企业是否采取纵向一体化经营战略作为判断标准来设置虚拟变量，具体筛选步骤和判断方法为：①根据证监会行业分类与企业经营业务综合判断相关企业是否为涉农企业；②根据确定的涉农企业名单，采取电话访谈、邮件调研和管理者座谈等方式确认企业是否采取"农户+企业"、农工互促等经营模式设立生产基地、加工基地或签署产供销协议等，若存在上述情况，则认为其采取了农工一体化模式。

（四）多元化经营

虽然一体化经营带来的成本节约和价值链增值效应提高了企业竞争优势，但也导致其容易被产品市场或资产专用性"锁定"。因此，本书基于对销售收入来源和经营业务的甄别设置了企业多元化的虚拟变量，具体判断方法为：在企业年度财务报告中销售收入来源的信息确认的基础上，结合电话访谈、邮件调研和管理者座谈等方式的调研结果，通过综合对比判断样本企业的生产运营是否涉及多个行业和市场。

（五）控制变量

已有研究表明，企业成长能力可能受到企业规模和公司治理等内部因素以及市场竞争等外部因素的影响①。因此，借鉴相关文献，本书设置了企业规模、盈利能力、竞争能力、现金水平、资产结构、企业税负、股权结构、董事会规模和独立性等控制变量。此外，为控制宏观经济政策以及行业环境的影响，本书还设置了年度与行业虚拟变量。各变量定义如表4-1所示。

----

① 王京、罗福凯：《技术—知识投资、要素资本配置与企业成长——来自我国资本市场的经验证据》，《南开管理评论》2017年第3期。

表 4-1　　　　　　　　　　　　主要研究变量定义

变量类型	变量符号	变量名称	变量定义
因变量	TQ	企业成长	（流通股价值＋非流通股价值＋负债账面价值）／总资产
自变量	NDSR	非沉淀资源	流动资产／流动负债
	DSR	沉淀资源	所有者权益／负债总额
分类变量	IAI	农工一体化	若企业为农工一体化取 1，否则取 0
	Div	多元化	若企业为多元化经营取 1，否则取 0
控制变量	Size	企业规模	企业资产总额取对数
	ROA	盈利能力	净利润／资产总额
	Market	竞争能力	（当期营业收入－前一期营业收入）／前一期营业收入
	Turn	周转能力	营业收入／资产总额
	Cash	现金持有	现金及现金等价物总额／资产总额
	CF	现金流量	经营活动现金净流量／资产总额
	RTA	资产结构	固定资产总额／资产总额
	Tax	企业税负	实际所得税／利润总额
	Top5	股权集中度	前五大股东持股比例
	Bsize	董事会规模	董事会成员人数取对数
	DRA	董事会独立性	独立董事人数／董事会成员人数
	Year	年份	以 2007 年度为基准设置年度虚拟变量，当年度取 1，否则取 0
	Industry	行业	制造业企业按二级行业代码分类，其他企业按一级行业代码分类

二　数据来源与样本选择

（一）数据来源

本书选取 2007—2018 年我国沪深两市 A 股涉农上市企业为样本。其中，样本企业是否涉及农产品生产与加工主要根据其所属行业与经营范围综合判断确定，其是否为一体化经营模式及其一体化类型（多元化或单一化）则主要通过问询确定；除企业一体化与多元化经营模式的数据外，其他财务数据主要来源于 CSMAR 数据库。

（二）样本筛选标准

在研究过程中遵循以下原则进行了筛选：（1）剔除财务数据缺失的企业；（2）考虑到 ST 类企业财务结构以及经营目标的特殊性，予以剔除；（3）考虑到异常值的影响，本书对所有连续变量进行上下1%分位的 Winsorize 处理，最终得到1449 个样本观察值。

三 模型构建

基于以上理论分析，本书构建如下回归模型来验证相关研究假设：

$$TQ_{i,t} = \alpha_0 + \alpha_1 NDSR_{i,t} + \beta Control + \varepsilon \qquad (4-1)$$

$$TQ_{i,t} = \alpha_0 + \alpha_1 DSR_{i,t} + \beta Control + \varepsilon \qquad (4-2)$$

模型（4-1）用于考察是否一体化经营模式下非沉淀资源对企业成长的影响，及农工一体化企业是否多元化经营的影响差异；模型（4-2）用于考察是否一体化经营模式下沉淀资源对企业成长的影响，及农工一体化企业是否多元化经营的影响差异。其中，TQ 代表企业成长，$NDSR$ 代表非沉淀资源，DSR 代表沉淀资源，$Control$ 代表企业规模等控制变量，ε 为模型的随机误差项。

第四节 实证结果分析

一 描述性统计

表 4-2 列示了变量描述性统计的结果。其中，TQ 均值为 2.296，中位数为 1.865，标准差为 1.330，最小值和最大值分别为 0.904 和 8.129，说明样本企业的成长性差异较大；NDSR 均值为 2.089，中位数为 1.422，标准差为 2.189，最小值和最大值分别为 0.330 和 15.690；DSR 均值为 2.225，中位数为 1.362，标准差为 2.706，最小值和最大值分别为 0.072 和 16.855；说明无论是非沉淀资源还是沉淀资源，样本企业的资源利用程度均存在较大差异，即样本企业的短期资源能力和长期资源基础具有明显差异。此外，从控制变量的描述性统计结果来看，Size 均值为 21.840，标准差为 1.043，说明样本企业的资产规模差异较大；Market 均值为 0.236，标准差为 0.623，说明

样本企业竞争能力差异较大；Turn 均值为 0.689，标准差为 0.489，说明样本企业周转能力差异明显。相应地，ROA 均值为 0.055，标准差为 0.077，说明样本企业盈利能力不高，且样本间差别较小；Cash 均值为 0.151，标准差为 0.125，说明样本企业现金持有水平差别不大；CF 均值为 -0.007，标准差为 0.117，说明样本企业现金流量紧张，且其差异较小；RTA 均值为 0.295，标准差为 0.151，说明样本企业资产结构具有一致性；Tax 均值为 0.160，标准差为 0.201，说明样本企业的税负水平差异较小；Top5 均值为 0.509，标准差为 0.149，说明样本企业前五大股东持股比例基本维持在 50% 左右；Bsize 均值为 2.150，标准差为 0.200，说明样本企业董事会规模多集中于 7—11 人；DRA 均值为 0.376，标准差为 0.057，说明样本企业董事会的独立董事占比普遍仅满足不低于 1/3 的比例，其监督效果有待提高。

表 4-2　　　　　　　　　主要变量的描述性统计

变量	样本量	均值	中位数	标准差	最小值	最大值
TQ	1449	2.296	1.865	1.330	0.904	8.129
NDSR	1449	2.089	1.422	2.189	0.330	15.690
DSR	1449	2.225	1.362	2.706	0.072	16.855
Size	1449	21.840	21.710	1.043	19.530	24.680
ROA	1449	0.055	0.048	0.077	-0.226	0.318
Market	1449	0.236	0.083	0.623	-0.712	2.907
Turn	1449	0.689	0.588	0.489	0.070	2.834
Cash	1449	0.151	0.112	0.125	0.007	0.603
CF	1449	-0.007	-0.001	0.117	-0.363	0.310
RTA	1449	0.295	0.277	0.151	0.005	0.654
Tax	1449	0.160	0.163	0.201	-0.671	0.784
Top5	1449	0.509	0.522	0.149	0.184	0.817
Bsize	1449	2.150	2.197	0.200	1.609	2.708
DRA	1449	0.376	0.364	0.057	0.333	0.571

二　相关性分析

相关性分析结果如表 4-3 所示。

表 4-3

相关性分析结果

	TQ	NDSR	DSR	Size	ROA	Growth	Turn	Cash	CF	RTA	Tax	Top5	Bsize	DRA
TQ	1.000													
NDSR	0.114*	1.000												
DSR	0.129*	0.864*	1.000											
Size	-0.275*	-0.201*	-0.234*	1.000										
ROA	0.226*	0.077*	0.061*	0.272*	1.000									
Growth	0.036	0.066*	0.002	-0.135*	-0.093*	1.000								
Turn	0.023	-0.189*	-0.166*	0.105*	0.216*	-0.253*	1.000							
Cash	0.181*	0.426*	0.352*	0.044	0.362*	-0.006	0.023	1.000						
CF	0.261*	-0.054*	0.010	0.081*	0.326*	0.081*	0.108*	0.278*	1.000					
RTA	-0.191*	-0.291*	-0.144*	0.064*	-0.156*	-0.242*	0.143*	-0.357*	0.034	1.000				
Tax	0.024	0.007	0.005	0.139*	0.203*	-0.066*	0.090*	0.068*	0.104*	-0.023	1.000			
Top5	-0.084*	0.043	0.030	0.225*	0.233*	-0.173*	0.183*	0.111*	-0.028	-0.016	-0.007	1.000		
Bsize	-0.087*	-0.033	-0.032	0.198*	0.072*	-0.065*	-0.149*	0.047	0.044	0.111*	0.060*	0.023	1.000	
DRA	0.087*	-0.069*	-0.064*	0.135*	0.049	0.038	0.106*	-0.060*	0.025	-0.006	-0.035	0.054*	-0.452*	1.000

由表4-3可知，TQ与NDSR的相关系数为0.114，与DSR的相关系数为0.129，均在5%的水平下显著，说明非沉淀性冗余资源与沉淀性冗余资源均与企业价值存在相关性。此外，TQ与Size、ROA、Cash、CF、RTA、Top5、Bsize和DRA等的相关系数均在5%的水平下显著，说明控制变量与企业价值存在相关性。

三　回归结果及分析

（一）农工一体化、资源利用与企业成长的回归结果

表4-4报告了相关回归结果。由模型（4-1）的回归结果可知，在农工一体化企业组中，NDSR的系数为0.101，通过了1%水平下的显著性检验；但在非农工一体化企业组中，NDSR的系数为-0.069，通过了1%水平下的显著性检验；这表明在农工一体化企业中非沉淀资源有利于企业成长，而在非农工一体化企业中非沉淀资源会约束企业成长，该结论支持了研究假设H1a和H1b。相应地，由模型（4-2）的回归结果可知，在农工一体化企业组中，DSR的系数为0.102，通过了1%水平下的显著性检验；但在非农工一体化企业组中，DSR的系数为-0.057，通过了1%水平下的显著性检验；这表明在农工一体化企业中沉淀资源有利于企业成长，而在非农工一体化企业中非沉淀资源会约束企业成长，该结论为研究假设H2a和H2b提供了佐证。

表4-4　　农工一体化、资源利用与企业成长的回归结果

变量	非沉淀资源		沉淀资源	
	农工一体化	非农工一体化	农工一体化	非农工一体化
NDSR	0.101*** (2.899)	-0.069*** (-3.137)		
DSR			0.102*** (3.535)	-0.057*** (-3.394)
Size	-0.501*** (-9.100)	-0.516*** (-9.225)	-0.471*** (-8.427)	-0.524*** (-9.260)
ROA	3.295*** (3.003)	4.992*** (5.650)	2.991*** (2.777)	4.979*** (5.706)

续表

变量	非沉淀资源		沉淀资源	
	农工一体化	非农工一体化	农工一体化	非农工一体化
Market	−0.047 (−0.649)	−0.137 (−1.580)	−0.049 (−0.677)	−0.152* (−1.742)
Turn	0.161 (1.405)	−0.020 (−0.173)	0.188 (1.629)	−0.034 (−0.299)
Cash	−0.613 (−0.954)	0.728* (1.867)	−0.583 (−0.974)	0.694* (1.843)
CF	2.071*** (4.326)	1.683*** (4.111)	1.980*** (4.278)	1.756*** (4.345)
RTA	−0.889** (−2.336)	−0.932*** (−3.159)	−1.192*** (−3.205)	−0.784*** (−2.636)
Tax	−0.185 (−0.956)	−0.207 (−1.330)	−0.185 (−0.967)	−0.216 (−1.422)
Top5	−1.280*** (−3.841)	−0.537** (−1.999)	−1.341*** (−4.078)	−0.583** (−2.185)
Bsize	0.539* (1.760)	0.408* (1.859)	0.568* (1.835)	0.405* (1.855)
DRA	4.392*** (4.603)	2.651*** (3.181)	4.461*** (4.646)	2.653*** (3.219)
Constant	11.168*** (9.619)	11.780*** (11.101)	10.543*** (8.843)	11.920*** (11.159)
Year	控制	控制	控制	控制
Industry	控制	控制	控制	控制
N	547	902	547	902
Adj-R^2	0.411	0.376	0.421	0.378

注：***、**和*分别表示变量指标在1%、5%和10%的水平下显著，括号内为T值。

（二）多元化经营异质性影响的回归结果

表4-5报告了多元化经营选择对冗余资源与企业成长关系影响的回归结果。由模型（4-1）的回归结果可知，在农工一体化企业的多元化经营组中，NDSR的系数为0.180，通过了1%水平下的显著性检

验；但在农工一体化企业的单一经营组中，NDSR 的系数为 -0.052，未通过显著性检验；这表明在与单一业务经营相比，多元化经营促进了农工一体化企业中非沉淀资源与企业成长的正向关系。同理，由模型（4-2）的回归结果可知，在农工一体化企业的多元化经营组中，DSR 的系数为 0.149，通过了 1% 水平下的显著性检验；但在非农工一体化企业组中，DSR 的系数为 0.001，未通过显著性检验；这表明在与单一业务经营相比，多元化经营促进了农工一体化企业中沉淀资源与企业成长的正向关系。该结论为研究假设 H3a 和 H3b 提供了经验证据。

表 4-5　　多元化经营、资源利用与企业成长的回归结果

变量	非沉淀资源		沉淀资源	
	多元化经营	单一经营	多元化经营	单一经营
NDSR	0.180*** (5.197)	-0.052 (-1.264)		
DSR			0.149*** (3.999)	0.001 (0.037)
Size	-0.528*** (-6.978)	-0.590*** (-6.633)	-0.502*** (-6.761)	-0.564*** (-6.220)
ROA	0.474 (0.403)	4.174** (2.412)	0.303 (0.271)	4.030** (2.333)
Market	0.000 (0.002)	-0.049 (-0.304)	0.001 (0.018)	-0.039 (-0.243)
Turn	0.858*** (4.107)	-0.223* (-1.868)	0.861*** (4.096)	-0.195 (-1.590)
Cash	-1.791*** (-2.600)	0.404 (0.489)	-1.448** (-2.140)	0.078 (0.098)
CF	2.261*** (4.304)	1.455* (1.828)	1.941*** (3.872)	1.532* (1.936)
RTA	-0.151 (-0.321)	-0.860 (-1.403)	-0.584 (-1.217)	-0.760 (-1.285)
Tax	-0.584** (-2.524)	0.370 (1.285)	-0.526** (-2.325)	0.331 (1.129)

续表

变量	非沉淀资源		沉淀资源	
	多元化经营	单一经营	多元化经营	单一经营
Top5	−0.983 **	−1.208 **	−1.087 **	−1.363 ***
	(−2.290)	(−2.530)	(−2.562)	(−2.743)
Bsize	0.014	0.183	0.136	0.279
	(0.036)	(0.450)	(0.353)	(0.686)
DRA	2.130 *	4.730 ***	2.407 *	4.989 ***
	(1.799)	(3.627)	(1.963)	(3.824)
Constant	12.823 ***	14.343 ***	12.097 ***	13.478 ***
	(7.690)	(7.741)	(6.920)	(7.269)
Year	控制	控制	控制	控制
Industry	控制	控制	控制	控制
N	248	299	248	299
Adj-R^2	0.583	0.375	0.583	0.372

注：***、**和*分别表示变量指标在1%、5%和10%的水平下显著，括号内为T值。

(三) 产权性质异质性影响的回归结果

产权制度的差异导致了国有企业和非国有企业具有不同的资源禀赋与竞争压力。国有企业虽有政策性负担，但通常也可以获得来自政府的政策支持和竞争保护，在资金支持、人力资本与技术获取等资源积累方面相较于非国有企业具有较大优势，这可能会导致国有企业有更多的冗余资源。而且，考虑到国有企业在服从国家战略实施和国际市场竞争中的特殊地位，国有企业纵向一体化的程度可能更高。这意味着对涉农企业而言，相较于非国有企业，国有企业的农工一体化对冗余资源与企业成长正向关系的促进作用可能更为明显。进一步地，考虑到市场准入和政策支持的影响，国有企业的多元化经营范围和程度同样可能比非国有企业更大。这意味着与非国有企业相比，在农工一体化的国有企业中，多元化经营对冗余资源与企业成长正向关系的促进作用可能更大。有鉴于此，本书以实际控制人性质作为分组依据，考察在不同产权性质的企业中，农工一体化及多元化经营对冗余资源与企业成长关系的影响差异。由表 4-6 可知，在模型（4-1）中，国有企业组中 NDSR 的系数为 0.244，在 1% 水平下显著，而非国有企业组中该系数未通过显著性检验，说明与非国有企业相比，农工一体化对非沉淀资源与企业成长正向关系的促进作用在国有企业中更为明显。此外，在非农工一体化模式下，无论是国有企业还是非国有企业中，NDSR 的系数均显著为负，说明非沉淀资源不利于企业成长，这进一步为研究假设 H1b 提供了支持。同理，在模型（4-2）中，国有企业组中 DSR 的系数为 0.221，在 1% 水平下显著，而非国有企业组中该系数未通过显著性检验，说明与非国有企业相比，农工一体化对沉淀资源与企业成长正向关系的促进作用在国有企业中更为明显。此外，在非农工一体化模式下，无论是国有企业还是非国有企业中，DSR 的系数均显著为负，同样说明沉淀资源不利于企业成长，为研究假设 H12 提供了支持。相应地，由表 6 可知，在采取多元化经营的农工一体化企业里，国有企业组中 NDSR 和 DSR 的系数分别为 0.244 和 0.212，均通过了 1% 水平下的显著性检验，而该系数在非国有企业组中均不显著，验证了产权性质的差异性影响。

表 4-6　　拓展性分析的回归结果——产权性质差异的影响

变量	非沉淀资源				沉淀资源			
	农工一体化		非农工一体化		农工一体化		非农工一体化	
	国有企业	非国有企业	国有企业	非国有企业	国有企业	非国有企业	国有企业	非国有企业
NDSR	0.244 *** (6.492)	-0.024 (-0.617)	-0.073 ** (-2.063)	-0.052 ** (-2.448)				
DSR					0.221 *** (7.552)	-0.028 (-0.787)	-0.048 * (-1.959)	-0.049 *** (-2.662)
Size	-0.297 *** (-3.393)	-0.548 *** (-7.224)	-0.368 *** (-5.131)	-0.804 *** (-8.927)	-0.219 *** (-2.622)	-0.556 *** (-7.318)	-0.365 *** (-5.139)	-0.815 *** (-9.001)
ROA	3.602 ** (2.587)	1.471 (1.000)	7.194 *** (7.126)	0.927 (0.779)	3.310 ** (2.483)	1.548 (1.057)	7.125 *** (7.149)	0.932 (0.793)
Market	-0.059 (-0.782)	-0.185 (-1.317)	-0.001 (-0.011)	-0.136 (-0.955)	-0.048 (-0.683)	-0.192 (-1.353)	-0.011 (-0.123)	-0.148 (-1.036)

续表

变量	非沉淀资源				沉淀资源			
	农工一体化		非农工一体化		农工一体化		非农工一体化	
	国有企业	非国有企业	国有企业	非国有企业	国有企业	非国有企业	国有企业	非国有企业
Turn	0.257 * (1.702)	0.137 (0.807)	0.432 ** (2.185)	0.285 ** (2.021)	0.317 ** (2.201)	0.127 (0.739)	0.453 ** (2.331)	0.259 * (1.804)
Cash	0.328 (0.362)	−0.449 (−0.540)	1.054 ** (2.182)	0.028 (0.058)	0.055 (0.062)	−0.471 (−0.586)	0.988 ** (2.090)	0.006 (0.012)
CF	0.812 (0.994)	2.483 *** (3.932)	0.944 * (1.904)	1.576 *** (3.030)	0.929 (1.128)	2.523 *** (4.003)	1.018 ** (2.083)	1.640 *** (3.167)
RTA	−0.786 (−1.168)	−0.527 (−1.183)	−1.416 *** (−3.626)	−0.387 (−1.005)	−1.300 ** (−2.086)	−0.428 (−0.949)	−1.249 *** (−3.260)	−0.319 (−0.830)
Tax	−0.259 (−1.061)	−0.039 (−0.136)	−0.464 ** (−2.235)	0.043 (0.192)	−0.279 (−1.203)	−0.039 (−0.135)	−0.461 ** (−2.238)	0.015 (0.069)
Top5	−1.063 ** (−2.252)	−0.804 (−1.641)	0.108 (0.351)	−0.923 ** (−2.345)	−1.346 *** (−2.996)	−0.775 (−1.551)	0.022 (0.071)	−0.900 ** (−2.308)
Bsize	−0.732 (−1.245)	1.071 ** (2.299)	0.304 (1.099)	−0.043 (−0.115)	−0.850 (−1.455)	1.048 ** (2.266)	0.292 (1.057)	−0.005 (−0.014)
DRA	1.918 (1.451)	7.356 *** (3.786)	1.110 (1.286)	−0.673 (−0.474)	2.206 * (1.746)	7.350 *** (3.799)	1.122 (1.302)	−0.677 (−0.483)
Constant	9.917 *** (6.572)	9.871 *** (4.488)	8.852 *** (6.491)	19.921 *** (8.617)	8.755 *** (6.245)	10.039 *** (4.610)	8.741 *** (6.695)	20.070 *** (8.708)
Year	控制	控制	控制	控制	控制	控制	控制	控制
Industry	控制	控制	控制	控制	控制	控制	控制	控制
N	240	307	462	440	240	307	462	440
Adj-R^2	0.565	0.380	0.477	0.437	0.590	0.380	0.478	0.440

注：***、**和*分别表示变量指标在1%、5%和10%的水平下显著，括号内为T值。

表 4-7　　　拓展性分析的回归结果——产权性质差异的影响

变量	农工一体化企业多元化经营			
	非沉淀资源		沉淀资源	
	国有企业	非国有企业	国有企业	非国有企业
NDSR	0.244 *** (5.822)	0.044 (0.503)		

续表

变量	农工一体化企业多元化经营			
	非沉淀资源		沉淀资源	
	国有企业	非国有企业	国有企业	非国有企业
DSR			0.212***	0.008
			(6.869)	(0.089)
Size	-0.358***	-0.643***	-0.287***	-0.635***
	(-3.554)	(-4.571)	(-2.900)	(-4.464)
ROA	-1.243	2.741	-1.317	2.729
	(-0.993)	(1.189)	(-1.217)	(1.140)
Market	-0.085	0.166	-0.073	0.138
	(-1.239)	(0.767)	(-1.211)	(0.650)
Turn	0.526**	0.988***	0.513**	0.947***
	(2.439)	(3.003)	(2.303)	(2.820)
Cash	-2.010***	0.928	-2.273***	1.445
	(-2.948)	(0.571)	(-3.193)	(1.003)
CF	1.199*	1.402	1.410*	1.300
	(1.667)	(1.183)	(1.918)	(1.158)
RTA	0.833*	-1.317	0.178	-1.376
	(1.681)	(-1.187)	(0.353)	(-1.237)
Tax	-0.329*	-0.905	-0.358**	-0.875
	(-1.849)	(-1.089)	(-2.039)	(-1.055)
Top5	0.071	-3.177***	-0.268	-3.105***
	(0.098)	(-3.368)	(-0.394)	(-3.307)
Bsize	-0.610	1.435	-0.671	1.671**
	(-1.437)	(1.575)	(-1.519)	(1.994)
DRA	1.334	4.984	1.666*	5.513
	(1.490)	(1.358)	(1.878)	(1.560)
Constant	10.163***	11.911***	9.136***	11.075***
	(4.170)	(3.450)	(4.049)	(3.267)
Year	控制	控制	控制	控制
Industry	控制	控制	控制	控制
N	142	106	142	106
Adj-R²	0.747	0.517	0.762	0.515

注：***、**和*分别表示变量指标在1%、5%和10%的水平下显著，括号内为T值。

四 稳健性检验

为验证回归结果的可靠性，本书进行了稳健性检验。（1）企业成长的其他衡量方法。考虑到人力资本、技术等无形资产属于沉淀资源的重要组成部分，本书选取其他方法对企业成长进行测算，具体计算方法为：（流通股价值+非流通股价值+负债账面价值）／（总资产−无形资产），重新进行了回归分析。（2）改变回归方法。考虑到在企业经营实践中可能存在的部分不随时间变化而波动的变量对回归结果的影响，本书在进行企业层面聚类分析的基础上重新进行了回归检验。（3）改变样本区间。外部经济环境波动会对企业资源配置与成长产生重要影响，考虑到我国自 2012 年之后的宏观经济波动情况，[①] 本书剔除 2007—2011 年度的数据后重新进行了回归分析。由表 4-8 至表 4-10 可知，回归结果未产生实质性变化，验证了研究结论的可靠性。

表 4-8　　　　　稳健性检验的回归结果——替换关键变量

变量	非沉淀资源		沉淀资源		非沉淀资源		沉淀资源	
	农工一体化	非农工一体化	农工一体化	非农工一体化	多元化经营	单一经营	多元化经营	单一经营
NDSR	0.119 ***	−0.097 ***			0.221 ***	−0.069		
	(2.737)	(−3.987)			(5.430)	(−1.515)		
DSR			0.123 ***	−0.054 ***			0.186 ***	−0.007
			(3.392)	(−2.975)			(4.274)	(−0.165)
Size	−0.593 ***	−0.560 ***	−0.555 ***	−0.549 ***	−0.587 ***	−0.716 ***	−0.551 ***	−0.687 ***
	(−9.344)	(−9.312)	(−8.554)	(−9.060)	(−6.931)	(−7.043)	(−6.696)	(−6.578)
ROA	3.311 ***	4.715 ***	2.942 ***	4.685 ***	0.558	4.157 **	0.329	4.018 **
	(2.763)	(4.835)	(2.501)	(4.821)	(0.430)	(2.200)	(0.273)	(2.124)
Market	−0.029	−0.270 ***	−0.031	−0.280 ***	−0.006	−0.007	−0.004	0.005
	(−0.361)	(−2.728)	(−0.387)	(−2.795)	(−0.077)	(−0.036)	(−0.053)	(0.026)
Turn	0.125	0.020	0.158	0.038	0.927 ***	−0.316 **	0.931 ***	−0.286 **
	(0.980)	(0.161)	(1.230)	(0.308)	(4.157)	(−2.263)	(4.166)	(−1.982)

① 我国的 GDP 增长率在 2012 年出现断崖式滑坡，自 2012 年之后，我国的 GDP 增长率由之前的年均约 10% 下降为年均 7%。

续表

变量	非沉淀资源		沉淀资源		非沉淀资源		沉淀资源	
	农工一体化	非农工一体化	农工一体化	非农工一体化	多元化经营	单一经营	多元化经营	单一经营
Cash	-1.307*	0.343	-1.280*	0.066	-2.864***	0.089	-2.462***	-0.297
	(-1.806)	(0.811)	(-1.916)	(0.162)	(-3.790)	(0.096)	(-3.355)	(-0.336)
CF	2.370***	1.859***	2.264***	2.024***	2.448***	1.615*	2.061***	1.707*
	(4.350)	(3.866)	(4.305)	(4.246)	(4.111)	(1.819)	(3.652)	(1.929)
RTA	-1.171***	-1.991***	-1.533***	-1.833***	-0.723	-0.958	-1.259**	-0.807
	(-2.824)	(-5.648)	(-3.761)	(-5.129)	(-1.402)	(-1.476)	(-2.410)	(-1.287)
Tax	-0.195	-0.199	-0.196	-0.212	-0.718***	0.475	-0.649**	0.432
	(-0.867)	(-1.092)	(-0.876)	(-1.173)	(-2.719)	(1.399)	(-2.524)	(1.242)
Top5	-1.418***	-0.654**	-1.492***	-0.748**	-1.382***	-1.109**	-1.506***	-1.285**
	(-3.876)	(-2.215)	(-4.140)	(-2.527)	(-3.023)	(-2.098)	(-3.362)	(-2.330)
Bsize	0.758**	0.511**	0.794**	0.503**	-0.070	0.474	0.075	0.586
	(2.277)	(2.108)	(2.351)	(2.063)	(-0.170)	(1.049)	(0.182)	(1.294)
DRA	5.131***	2.998***	5.213***	3.021***	2.823**	5.362***	3.151**	5.663***
	(4.872)	(3.464)	(4.922)	(3.476)	(2.196)	(3.670)	(2.361)	(3.871)
Constant	12.755***	13.256***	11.987***	12.989***	14.581***	16.346***	13.618***	15.369***
	(9.936)	(11.259)	(9.038)	(10.877)	(7.896)	(7.954)	(7.097)	(7.393)
Year	控制	控制	控制	控制	控制	控制	控制	控制
Industry	控制	控制	控制	控制	控制	控制	控制	控制
N	547	902	547	902	248	299	248	299
Adj-R^2	0.415	0.385	0.427	0.379	0.593	0.373	0.596	0.369

注：***、**和*分别表示变量指标在1%、5%和10%的水平下显著，括号内为T值。

表4-9　　　　　　　　稳健性检验的回归结果——企业层面聚类

变量	非沉淀资源		沉淀资源		非沉淀资源		沉淀资源	
	农工一体化	非农工一体化	农工一体化	非农工一体化	多元化经营	单一经营	多元化经营	单一经营
NDSR	0.101*	-0.069**			0.180***	-0.052		
	(1.772)	(-2.529)			(4.070)	(-0.801)		
DSR			0.102**	-0.057**			0.149***	0.001
			(2.266)	(-2.402)			(3.124)	(0.023)

续表

变量	非沉淀资源		沉淀资源		非沉淀资源		沉淀资源	
	农工一体化	非农工一体化	农工一体化	非农工一体化	多元化经营	单一经营	多元化经营	单一经营
Size	-0.501***	-0.516***	-0.471***	-0.524***	-0.528***	-0.590***	-0.502***	-0.564***
	(-5.334)	(-5.504)	(-4.744)	(-5.526)	(-3.853)	(-3.958)	(-3.611)	(-3.611)
ROA	3.295**	4.992***	2.991*	4.979***	0.474	4.174	0.303	4.030*
	(2.012)	(4.475)	(1.924)	(4.516)	(0.464)	(1.683)	(0.297)	(1.706)
Market	-0.047	-0.137	-0.049	-0.152	0.000	-0.049	0.001	-0.039
	(-0.426)	(-1.474)	(-0.453)	(-1.625)	(0.001)	(-0.190)	(0.012)	(-0.151)
Turn	0.161	-0.020	0.188	-0.034	0.858**	-0.223	0.861**	-0.195
	(0.772)	(-0.121)	(0.889)	(-0.207)	(2.677)	(-1.177)	(2.572)	(-0.956)
Cash	-0.613	0.728	-0.583	0.694	-1.791*	0.404	-1.448	0.078
	(-0.560)	(1.247)	(-0.579)	(1.212)	(-1.854)	(0.303)	(-1.524)	(0.062)
CF	2.071***	1.683***	1.980***	1.756***	2.261***	1.455**	1.941***	1.532**
	(3.737)	(3.671)	(3.865)	(3.917)	(3.192)	(2.101)	(2.881)	(2.308)
RTA	-0.889	-0.932**	-1.192*	-0.784*	-0.151	-0.860	-0.584	-0.760
	(-1.260)	(-2.262)	(-1.735)	(-1.944)	(-0.215)	(-0.983)	(-0.837)	(-0.872)
Tax	-0.185	-0.207	-0.185	-0.216	-0.584	0.370	-0.526	0.331
	(-0.943)	(-1.112)	(-0.973)	(-1.196)	(-1.659)	(1.536)	(-1.514)	(1.315)
Top5	-1.280*	-0.537	-1.341**	-0.583	-0.983	-1.208	-1.087	-1.363
	(-1.995)	(-1.325)	(-2.147)	(-1.455)	(-1.287)	(-1.332)	(-1.485)	(-1.429)
Bsize	0.539	0.408	0.568	0.405	0.014	0.183	0.136	0.279
	(1.346)	(1.350)	(1.362)	(1.337)	(0.023)	(0.417)	(0.227)	(0.645)
DRA	4.392***	2.651**	4.461***	2.653**	2.130	4.730***	2.407	4.989***
	(3.057)	(2.589)	(3.120)	(2.614)	(1.325)	(2.990)	(1.465)	(3.115)
Constant	11.168***	11.780***	10.543***	11.920***	12.823***	14.343***	12.097***	13.478***
	(5.733)	(6.764)	(5.295)	(6.759)	(4.024)	(4.806)	(3.815)	(4.526)
Year	控制	控制	控制	控制	控制	控制	控制	控制
Industry	控制	控制	控制	控制	控制	控制	控制	控制
N	547	902	547	902	248	299	248	299
Adj-R²	0.411	0.376	0.421	0.378	0.583	0.375	0.583	0.372

注：***、**和*分别表示变量指标在1%、5%和10%的水平下显著，括号内为T值。

表 4-10　　　　　稳健性检验的回归结果——改变样本区间

变量	非沉淀资源		沉淀资源		非沉淀资源		沉淀资源	
	农工一体化	非农工一体化	农工一体化	非农工一体化	多元化经营	单一经营	多元化经营	单一经营
NDSR	0.113*** (2.954)	-0.047* (-1.876)			0.192*** (5.272)	-0.084* (-1.705)		
DSR			0.121*** (3.802)	-0.043** (-2.350)			0.190*** (5.912)	-0.032 (-0.755)
Size	-0.532*** (-8.198)	-0.571*** (-8.328)	-0.489*** (-7.224)	-0.579*** (-8.408)	-0.652*** (-6.053)	-0.585*** (-6.387)	-0.563*** (-5.335)	-0.562*** (-5.958)
ROA	1.806 (1.431)	3.846*** (3.833)	1.423 (1.158)	3.836*** (-8.408)	-0.291 (-0.191)	2.338 (1.134)	-0.533 (-0.376)	2.257 (1.084)
Market	-0.106 (-1.185)	-0.205* (-1.894)	-0.118 (-1.337)	-0.214** (-1.965)	-0.080 (-0.813)	-0.171 (-0.966)	-0.090 (-0.917)	-0.161 (-0.924)
Turn	0.039 (0.311)	0.083 (0.553)	0.075 (0.594)	0.064 (0.428)	0.632*** (2.615)	-0.192 (-1.321)	0.597** (2.537)	-0.175 (-1.187)
Cash	-1.129 (-1.280)	0.430 (0.959)	-0.948 (-1.142)	0.447 (1.027)	-2.137** (-2.256)	0.684 (0.611)	-1.294 (-1.534)	0.263 (0.244)
CF	2.524*** (4.329)	1.614*** (3.057)	2.310*** (4.124)	1.653*** (3.187)	2.828*** (3.791)	1.806** (2.076)	2.151*** (3.498)	1.939** (2.221)
RTA	-0.765* (-1.762)	-0.994*** (-2.727)	-1.034** (-2.484)	-0.858** (-2.329)	0.072 (0.118)	-1.254* (-1.730)	-0.305 (-0.501)	-0.996 (-1.446)
Tax	-0.137 (-0.668)	-0.164 (-0.857)	-0.158 (-0.779)	-0.174 (-0.932)	-0.519* (-1.927)	0.457 (1.577)	-0.494* (-1.912)	0.429 (1.454)
Top5	-0.647 (-1.417)	-0.296 (-0.839)	-0.816* (-1.817)	-0.332 (-0.951)	0.037 (0.059)	-0.379 (-0.656)	-0.183 (-0.293)	-0.582 (-0.967)
Bsize	0.196 (0.481)	0.339 (1.110)	0.273 (0.667)	0.325 (1.073)	0.459 (0.906)	-0.469 (-0.814)	0.592 (1.270)	-0.328 (-0.570)
DRA	2.791*** (2.731)	2.046** (2.051)	3.018*** (2.980)	2.052** (2.079)	1.112 (0.889)	1.970 (1.286)	1.809 (1.472)	2.357 (1.554)
Constant	12.523*** (7.870)	12.849*** (9.156)	11.474*** (6.911)	13.032*** (9.218)	14.375*** (6.201)	15.514*** (6.791)	12.046*** (5.350)	14.582*** (6.282)
Year	控制	控制	控制	控制	控制	控制	控制	控制
Industry	控制	控制	控制	控制	控制	控制	控制	控制

续表

变量	非沉淀资源		沉淀资源		非沉淀资源		沉淀资源	
	农工一体化	非农工一体化	农工一体化	非农工一体化	多元化经营	单一经营	多元化经营	单一经营
N	354	596	354	596	151	203	151	203
Adj-R^2	0.461	0.339	0.477	0.342	0.648	0.405	0.673	0.398

注：＊＊＊、＊＊和＊分别表示变量指标在1%、5%和10%的水平下显著，括号内为T值。

第五章　研究结论及建议

第一节　研究结论

本书基于我国沪深两市 A 股涉农上市企业 2007—2018 年的财务数据，实证检验了涉农企业农工一体化、冗余资源与企业成长的关系，分析了多元化经营对农工一体化企业冗余资源与企业成长关系的作用。研究结果表明在农工一体化企业中非沉淀资源与沉淀资源有利于企业成长，而在非农工一体化企业中非沉淀资源与沉淀资源会约束企业成长；与单一经营相比，多元化经营对农工一体化企业非沉淀资源及沉淀资源与企业成长正向关系的促进作用更大。进一步研究发现，与非国有企业相比，农工一体化和多元化经营对非沉淀资源及沉淀资源与企业成长正向关系的促进作用在国有企业中更显著。本书的研究可为我国农业产业政策制定与优化及农业企业经营战略选择提供经验证据与决策参考。

第二节　政策建议

鉴于前述分析，针对农工一体化模式、资源利用与企业成长问题，本书从提高资源积累能力，优化企业资源配置结构、加强生产模式与经营战略协同，提高企业市场竞争能力、发挥国有企业优势，引导非国有企业资源利用能力提升、建设企业风险管理体系，优化内部控制质量、完善所有制结构，深化管理机制改革、完善企业管理层激励体系、深化涉农企业科技创新机制以及优化涉农企业整体发展布局等方面提出政策建议。

一　提高资源积累能力，优化涉农企业资源配置结构

冗余资源作为涉农企业构建竞争优势、应对外部环境不确定性的基础与保障，可以促进涉农企业可持续成长。涉农企业应在实际运营过程中积极拓展资源吸收渠道，提高资源积累能力，为自身发展提供内在动力。考虑到不同类型资源的特征和功能差异，管理层应优化非沉淀资源与沉淀资源的配置结构，实现不同资源短期与长期支持能力的协同，为涉农企业短期绩效提升与长期战略发展奠定资源基础。

（一）正确树立冗余资源认识，加快资源管理思想转变

涉农企业需要正确树立冗余资源认识，加快资源管理思想转变，认清市场定位，实现涉农企业的长足进步，不断提升资源积累能力，实现自身资源配置结构的持续性优化。对于涉农企业而言，其经济效益的实现关键是看能否构建起核心竞争的优势，向市场和消费者提供物美价廉的特色产品，打造可持续发展的机制。涉农企业还要具备一定的风险防控能力，对市场趋势变化做出快速反应。为此，涉农企业必须优化资源储备，特别是对于冗余资源的管理，提升资源积累能力，正确发挥资源存量能够为涉农企业提供的支持保障作用，稳定涉农企业成长发展的基础。建立关于冗余资源管理的基本认识，加快资源管理思想的转变，了解涉农企业保持一定程度冗余资源的必要性，尤其是要学习对于涉农企业技术创新而言冗余资源能够发挥的重要作用。为此，涉农企业需要明确不同类型的冗余资源对涉农企业发展成长的影响机制，探索提升资源推动力与信息质量的途径，结合自身冗余资源现状开展技术创新活动。涉农企业在技术创新方面的资源投入也要符合创新要求，适应涉农企业内部冗余资源存量情况，从而能够有效提升创新成功率，促进涉农企业开拓市场获取经济效益，实现战略发展目标。经济发展建设整体步伐的加快和市场环境的多变性使得涉农企业要保持竞争优势的难度增加，涉农企业需要正确认识资源配置和冗余资源对涉农企业发展的重要意义，明确资源配置结构优化对

涉农企业经济绩效的影响和作用机制，建立以自身特色为基准的冗余资源管理模式，针对性推出资源利用不同种类的管理方法。涉农企业需要对内部冗余资源状况了解的基础上挖掘潜在的冗余资源，通过合理分配使冗余资源能够正常发挥作用，为涉农企业生产运营的各个环节提供可用的资源支持，帮助涉农企业形成核心竞争力，应对外部市场环境变化对涉农企业运行造成的冲击和潜在威胁，实现涉农企业的可持续发展。

实际上，组织冗余资源性质的差异能对涉农企业成长发展起到的作用也各不相同。其中，未吸收冗余资源由于具备较好的自由性和灵活性，能够及时帮助涉农企业应对外部环境的变化，缓冲市场趋势变化对涉农企业经营发展造成的冲击。从这个角度讲，未吸收冗余资源比已吸收冗余资源更能发挥对涉农企业发展的支持保障作用。涉农企业在应对市场变化以及运营秩序方面，要积极发挥未吸收冗余资源的支撑作用，使涉农企业能够完成相关价值信息的定位和收集，助力各项涉农企业研发创新项目的推进，加快科技成果的转化，并将其作为重要的辅助手段保障各项决策能够有序开展，提升涉农企业内部员工的工作积极性，加快涉农企业凝聚力的打造。由于涉农企业财务绩效会随着未吸收冗余资源的产生而降低，因此涉农企业在发展过程中，必须加快对未吸收冗余资源的优化管理，调节涉农企业中的未吸收冗余资源与已吸收冗余资源的比例，使涉农企业内部的冗余资源结构能够有效服务于涉农企业的发展建设，为涉农企业带来经济效益。考虑到已吸收冗余资源在涉农企业效益创造方面支持作用的滞后性，结合跨期因素对涉农企业资源配置结构进行调整优化，将不同的冗余资源类型进行明确的划分，并根据不同种类的冗余资源特点，针对性制定管理措施。由于未吸收冗余资源对涉农企业发展存在潜在的一定的负面影响，因此有的涉农企业管理层在管理理念不到位的前提下，会认为未吸收冗余资源不会对涉农企业带来不利影响，从而导致对未吸收冗余资源问题的忽视现象。实际上，如果涉农企业中的未吸收冗余资源问题没有得到充分重视，就可能导致这部分资源不断累积，其对涉农企业运行和管理造成一定的压力，不利于涉农企业经济绩效的优化。因此涉农企业必须将未吸收冗余资源的管理提升到涉农企业发展战略的高度，以发展的眼光看待未吸收冗余资源的作用，并认识到对其进行合理管控的重要性。持续优化资源利用率，建立关于未吸收冗余资源的长效管理机制。

已吸收冗余资源是适应涉农企业发展战略、通过人力、研发、宣传等领域的资源投入，为涉农企业经营活动提供支持作用。对于涉农企业而言，已吸收冗余资源虽然不能有效支持涉农企业新产品业务的开发，也会造成一定的管理成本与资金压力，但涉农企业需要立足长远，运用有效手段调节已吸收冗余资源。积极引入数字技术手段，调节涉农企业的组织资源利用结构，适当引入数字技术手段与未吸收冗余资源的替代机制，并发挥其对于已吸收冗余资源的盘活作用，加强资源之间的组合重构。使数字技术手段在涉农企业资源管理中的作用实现最大限度的发挥，涉农企业要建立关于数字技术手段的正确认识，提升涉农企业数字化程度，积极搭建数字技术平台系统，并随着市场变化趋势及时调整数字技术手段运用在资源配置方面的重点，实现促进未吸收冗余资源积极作用的发挥与已吸收冗余资源盘活功能的推动，并始终保持涉农企业资源配置服务于市场和顾客，紧跟顾客的消费需求，实现涉农企业的科学决策。通过对资源结构的有效协调，使潜在资源潜力能够得到有效释放。针对涉农企业在数字技术应用方面的不足，应当加紧技术投入与升级，为涉农企业发展提供有力的信息支持，提升决策的科学性，推动涉农企业整体发展进步。涉农企业关于已吸收冗余资源的管理过程中，还应当注意其与涉农企业发展战略和规划的适应度，结合涉农企业成本管控预期计划综合考量，降低已吸收冗余资源对涉农企业成本可能造成的资金压力，以涉农企业可持续发展为目标，优化其盈利机制。涉农企业的成长发展需要建立已吸收冗余资源与涉农企业发展速度和规划的协调机制，既要着眼于短期内的利润实现，又要为涉农企业长期发展战略规划服务，既能够满足当期绩效的需要，又要考虑立足于涉农企业长远战略目标实现。正确发挥资源配置对涉农企业绩效优化的作用，并结合外部环境变动和涉农企业所有权改制等具体情况进行调节，以涉农企业实际需求为基准，进行资源积累能力的提升，树立冗余资源管理意识，加快资源管理理念的转变，找到短期收益与长期发展规划之间的平衡，协调资源存量状态，优化涉农企业资源配置效率，实现涉农企业的长远发展目标。

涉农企业的冗余资源管理绝不是一味追求零冗余，更不能一味增加冗余资源存量，为涉农企业成本管理和资金链条增压，而是需要通过对不同冗余资源的作用以及涉农企业发展状态进行综合分析，明确不同种类冗余资源的特点，选择更适用于涉农企业发展的冗余资源管理方法，实现冗余资源的合理管理和调配。涉农企业可以从涉农企业创新绩效优化的角度出发，保持涉农企业生产发展产能更新与市场需求相适应，积极引导社会创业导向对资源利用的转化。在对潜在资源利用价值挖掘的过程中。实现涉农企业创新绩效优化，从管理理念的角度出发，加快建立有关资源利用和社会创业导向的协同促进机制，为涉农企业应对市场竞争冲击和外部环境变化提供战略导向。提升和优化资源配置结构，要从思想理念转变出发，建立资源管理的正确认识，重视涉农企业资源潜力的发掘和使用，掌握冗余资源开发整合的方法，实现对涉农企业发展方向的引导，为涉农企业创新绩效优化提供思路。在大数据发展的推动下，涉农企业在新的行业背景和市场发展趋势影响下，能够有选择地应用新的科技手段和技术，优化涉农企业资源利用管理机制，提升涉农企业资源积累速度与涉农企业发展的适应度。新时期赋予涉农企业资源配置管理优化的机遇，对涉农企业资源管理认识和管理水平提出了严格的要求，涉农企业应当摒弃对零冗余的追求，改变冗余资源徒增涉农企业管理负担的错误理念，建立科学合理的冗余资源管理理念，正确认识冗余资源，将管理理念和认识的高度提升到涉农企业长远可持续发展上来，将资源利用问题结合具体的资源分类和涉农企业实际针对性开展分析，避免由于管理理念的落后和对冗余资源认识的片面性，影响涉农企业潜在价值的发掘与涉农企业创新绩效的提升。

（二）拓宽资源吸收渠道，优化资源吸收能力

涉农企业战略可持续发展目标的实现需要源源不断的内生动力支

持，以适应外部市场环境变动对涉农企业维持稳定的运营秩序形成的挑战，以及竞争对手及外部竞争的整体环境对涉农企业发展造成的压力。有效的资源积累和资源配置结构是涉农企业内生动力产生的重要源泉，也是实现涉农企业可持续发展战略目标的重要手段，对涉农企业商业模式的创新具有重要作用。大数据及数字技术的升级为涉农企业加快数字化建设和科技成果转化创造了条件，但涉农企业的发展和成长仍然受到资源、技术、理念等多种要素的限制，也需要面临激烈紧张的市场竞争压力。数字化营销已经正式成为涉农企业提高服务水平和竞争力的重要途径。数字化营销主要是指通过利用互联网先进通信技术，以网络作为媒介，实现将线下交易转换至网络的一种营销方式。数字化营销模式可以有效地减少运营的时间与成本，作为适应现代生产力发展的主要模式，数字化营销为涉农企业提供了前所未有的历史发展机遇。互联网经济和电子商务的兴起，加速了我国电子商业业务的发展，各行各业也通过引进互联网技术，开启了网络营销方式。大数据时代背景下，我国在信息智能化科技领域获得了前所未有的发展，这也为数字化营销模式提供了良好的发展空间与技术条件。在新的时代背景下，想要实现涉农企业的战略发展目标，达成涉农企业持续性健康成长目标，需要不断优化涉农企业资源整合能力，依据涉农企业价值链与资源配置之间的关系进行经营战略目标的制定和调整。为此，要通过对涉农企业定位的细分，选取更加符合涉农企业发展需求的资源配置模式，发挥资源配置结构对商业模式创新的推动作用，不断拓宽资源吸收渠道，优化资源吸收能力，实现涉农企业资源价值的有效提升和资源总量的有序增加。涉农企业资源包含多种形式，内部和外部、有形和无形范畴中都蕴含着一些潜在可利用的资源，但无论是何种形势的资源，最终都回归到为涉农企业发展服务，为涉农企业创造价值的出发点上。而涉农企业就需要将这些内外部可用资源进行整合协调，发挥物质资源、资金、无形资源、市场资源的价值，形成促进涉农企业成长的内生动力，并实现涉农企业生存能力的优化提升。在资源整合的影响下，涉农企业在价值链上的定位也可以进行进一步优化，优化资源积累，为资源整合打下基础，并以此引导流程再造，实现涉农企业商业模式创新。

　　涉农企业的资源配置方式影响了涉农企业的市场定位和战略发展方向的制定和调整，以及涉农企业商业模式的顺利推进。对于涉农企业而言，可以将市场竞争看作涉农企业之间在资源利用能力方面形成的竞争。而涉农企业能够在激烈的市场竞争中保持竞争优势，不仅需要具备一定程度的资源储备，从数量和质量上构建合理的资源存量及管理机制，还需要不断优化资源利用效率，弥补自身可能存在的资源限制，在资源的合理分配基础上，拓宽资源吸收渠道，使资源价值能够在涉农企业运营各项环节发挥作用。为此，涉农企业要注重涉农企业内部潜在资源的挖掘，尤其是注重对潜在隐形资源的开发和利用，实现资源的合理分配。不断加深对市场和客户需求的认识，明确涉农企业自身在价值链上的定位，为产品价值链赋能，致力于提升产品附加值，促进涉农企业战略发展目标的实现，在资源吸收能力优化过程中要关注可重复使用资源，提升资源利用率，采取有效措施加速资源周转，根据市场需求加快技术革新，积极参与市场竞争。从涉农企业资源配置方式上看，涉农企业资源的配置受到涉农企业自身、外部市场的影响。涉农企业资源配置应采用涉农企业配置为主的模式，发挥涉农企业自身对资源配置的可控度。同时，要结合市场外部环境，为资源配置结构做补充。不同的资源配置模式针对涉农企业成长发展环境具有不同的作用，通过它们之间存在的关联，选择最适合涉农企业资源应用的配置方式，从自身资源情况出发，平衡资源利用。涉农企业战略目标的实现是一个动态的过程，要想维持涉农企业稳定运行与长远发展，就要使内外部资源达到协调平衡状态，打破资源分散性，实现整体优化。在涉农企业对自身资源进行积累配置时，要在现代涉农企业管理观念影响下，加强涉农企业内部流程再造，拓宽资源吸收渠道，优化资源的吸收能力，弥补自身现存资源的不足。涉农企业优化资源吸收能力，要对自身资源状况进行评估，发掘内部还没有发挥作用的潜在资源，将涉农企业所具有的有效资源进行整合，实现降本增效。通过资源的重新配置，使涉农企业发展始终以客户需求为出发点，塑造品牌形象。积极开发外部资源，拓宽资源渠道，为涉农企业发展和涉农企业价值提升提供资源支持，通过战略联盟、并购、合资等模式，积极进行外部资源渠道的开拓。

涉农企业资源积累配置与管理创新具有密切的联系，而涉农企业进行技术创新就是要实现生产条件和要素的结合，为资源组合提供新的思路。需要有计划地引入外部资源，弥补自身资源不足，缓解涉农企业存在的信息不对称。涉农企业的资源积累与配置服务于战略计划的推进和战略目标的实现，也可以落实到涉农企业资源整合的相关细节，优化资源投入与使用。为此，涉农企业可以从经营思路和组织结构的角度进行优化，以管理模式的创新和管理思路的演变完善涉农企业现存的制度框架，从管理模式和制度框架方面进行革新，实现经济效益的提升。管理创新能够帮助涉农企业实现交易成本的管控和资源配置效率的提升，进一步优化涉农企业的核心竞争力，引导涉农企业管理层的观念转变，打破传统经营模式与理念对涉农企业发展形成的障碍，促进涉农企业成长。涉农企业要实现市场开拓与经营绩效优化，达成利润目标，就要关注管理创新绩效，将整合资源和涉农企业成长联系起来，为涉农企业发展提供有力支撑。在涉农企业流程再造环节，要根据涉农企业业务实际需要，将分散状态的资源重新整合规划，使资源利用能够服务于涉农企业发展目标，缓解涉农企业的资金压力，实现资源吸收渠道的有效拓宽。涉农企业可以通过生产环节的流程再造工作实现降本增效，提升资金的利用效率，激发员工积极性和涉农企业凝聚力。围绕市场和客户需求，以满足顾客需要为核心，构建技术能力提升的动态机制，实现资源价值的最大化。在这个过程中，涉农企业要从自身实际出发，发挥流程精细化和经营管理升级的优势，优化资源吸收能力。当内部资源出现不足时，及时调取外部资源进行弥补，维持涉农企业资源供给稳定性，发挥竞争优势。另外还可以开发多元化合作模式，实现涉农企业内外部资源供给的平衡，促进涉农企业成长。资源外取不同于外包，其对于涉农企业优势资源和非优势资源的划分及利用具有更加明确的特点。构建战略联盟和涉农企业网络等都是促进涉农企业外部环境优化和加强资源外取有效性的可行性措施，可以弥补涉农企业自身资源的不足，构建多元化创新化的合作关系。资源吸收渠道的拓宽能够为涉农企业资源获取创造条件，通过涉农企业拥有的技术优势进行资源价值带动，通过一些无形资源杠杆拉动资源获取，优化组织制度，以满足客户需求为原则，树立涉农企业良好的形象与品牌效应。对外要保持良好的资源关系网络，为涉农企业资源提供稳定保障与补充，实现涉农企业综合资源吸收能力的优化，不断扩充资源获取的渠道，为涉农企业发展提供内在动力。

（三）基于不同的资源类型制定资源优化配置措施

涉农企业在经营发展过程中应当尊重不同资源类型引起的差异，进而对涉农企业成长存在的不同影响作用，在对不同类型资源进行细分整合的过程中优化资源配置。根据不同资源的特点进行资源的优化配置，将资源价值作用于涉农企业价值链的具体环节，发挥资源带动涉农企业发展的重要功能。涉农企业的发展离不开各项资源的支持，而资源获取和管理需要一定的成本保障，资源的融合和平衡状态则需要涉农企业资源管理配置能力。要保障涉农企业的生产秩序稳定和长期发展，单一资源优势或者数量已经不足以满足涉农企业获取经济效益的需求，还要考虑到资源配置的效果与质量。针对涉农企业不同种类的资源，要分别制定资源配置优化措施。在资源基础理论的指导下，涉农企业培养竞争优势资源具备了理论基础，对涉农企业市场治理形式进行优化，获取充分的外部资源，或者采取收购等模式，提升资源配置效率。涉农企业发展的过程就是发掘和培育资源的过程，根据不同资源能力的性质，结合涉农企业自身发展实际进行资源配置结构的优化，基于涉农企业发展现状获取更多资源能力储备，涉农企业可以从人力资源、财务、组织结构、涉农企业文化等多个角度开展资源配置规划，明确组织机构分工协作的具体细节，实现涉农企业的资本、市场资源等核心资源的有效优化。在整体配置框架下提升资源配置的科学性与效率，将资源结构优化与不同类型资源特点进行有机融合，为资源整合奠定基础。任何涉农企业的运营都需要保持一定程度的资源存量，从而应对市场突变情况，并为涉农企业开展创新活动、突破技术"瓶颈"提供保障和支持。对于涉农企业而言，涉农企业资源积累能力的提升目的就在于维持竞争优势，树立核心竞争力，实现资源配置结构的优化。基于不同资源的类型，涉农企业在资源配置和结构优化过程中必须针对性制定不同的措施。创新资源是涉农企业资源配置中的重点内容之一，对于涉农企业而言，凡是与涉农企业创新活动有关的资源都可以划分为创新资源的类别中，这其中既包括一些自然资源，也包括一些社会性资源。涉农企业要进行农产品生产加工技术的创新突破，就需要优化创新活动的资源投入，促进技术创新实现。在技术创新资源应用中，要注意技术创新资源对涉农企业竞争力的支持作用，将技术创新资源价值在涉农企业创新项目各个环节加以运用，建立资源集合体，保障技术创新资源为涉农企业技术突破升级提供支持，使涉农企业针对生产技术的创新项目得以顺利开展。

创新资源可以进一步细分为内部资源和外部资源，在涉农企业对自身创新资源进行优化配置的过程中，要考虑到内外部资源的差异性。针对内部创新资源，要从管理角度入手，优化涉农企业管理质量，实现内部创新资源的整合，以降本增效为目标，实现市场地位的稳固，并不断开拓新的市场，培养涉农企业核心竞争力。针对外部创新资源，则要注意通过对外部资源的合理引入，服务于涉农企业发展，与内部创新资源实现互相补充。涉农企业的资源利用模式与涉农企业规模及管理水平息息相关，也受到涉农企业资源能力现状的限制。对一些资源能力储备较弱的涉农企业而言，加大了资源获取和创造的难度。为此，涉农企业需要考虑自身资源创造难度的实际，通过外部合作或者收购的模式，作为资源获取渠道的补充，获取涉农企业成长发展的关键性资源能力，丰富涉农企业的资源积累，缓解涉农企业资源创造方面的困难。同时，多元化的资源获取渠道又会对涉农企业资源配置管理能力提出一定要求，在涉农企业经营过程中，要加强关于不同类型资源的调配，针对资源之间的差异性制定差异化管理措施。对于涉农企业来说，能够获取有益资源则意味着涉农企业生存发展具备了一定根基，而资源的有效运用则是为涉农企业战略目标的实现创造了有利条件。如何对现有资源进行梳理，使不同属性和类型的资源能够相互配合，共同作用于涉农企业发展，是涉农企业发展过程中必须要思考和解决的问题。为形成更加完善的资源配置结构，涉农企业必须认识到不同类型的资源整合并不是一味追求整合程度的过程，而是需要根据市场运作和涉农企业自身实际，设定不同类型资源规划整合的目标。对涉农企业资源规划整合目标的设定如果一味追求统一化和协同化则会提升涉农企业管理成本，降低了涉农企业的运行效率，影响涉农企业的投资效率。对于涉农企业资源配置效率及结构优化质量的评估，可以从经济绩效方面获取相关信息，或者通过价值指标来反映。涉农企业要根据资源配置结构评估结果不断调整资源管理措施。由此可见，涉农企业在进行资源积累和资源配置结构优化时，关于不同类型资源的配置优化速度及程度也存在一定要求，涉农企业能否保持合理的资源配置效率及程度，事关涉农企业可持续发展目标和战略的实现，对涉农企业价值创造效果起到重要的影响。

此外，基于资源流失现象，涉农企业要关注内部资源状态，实现资源配置和涉农企业效益实现平衡。资源的配置并不是简单的资源分散及使用，而是基于不同资源的异质性特点，以资源整合的角度进行配置规划，以实现不同种类资源的协同为目标，将资源利用与涉农企业经济效益和财务绩效等方面结合起来，实现涉农企业价值创造。涉农企业是否具备合理的资源配置结构，要看涉农企业关于不同类型的资源是否建立了正确认识，能够根据不同资源类型特点针对性制定资源优化配置的相关措施，资源存量不足的情况下，涉农企业可能缺少对市场变化的反应速度，或者由于自身资源短缺无法适应涉农企业发展需要。而资源存量过多时，又会增加涉农企业运行的成本负担。涉农企业只有找到最适合自身发展的资源管理指标，并随着市场环境的发展变化及时进行调整，才能够实现资源配置结构的持续性优化。为此，涉农企业在资源管理能力优化过程中，要基于非沉淀资源和沉淀资源之间的差异分析，针对性提出资源配置管理措施，建立资源结构优化机制，并且从短期和长期两个维度去探索资源管理途径，涉农企业资源管理能力的优化既应当关注当下的绩效优化，又应当为未来发展进行提前布局，优化资源存量，助力涉农企业成长。涉农企业资源积累能力的提升就是将资源管理整合与涉农企业经济效益结合起来，找到资源配置结构与市场需求的平衡点。打造服务于涉农企业成长发展的资源集合体，以系统化的模式开展资源利用，使不同类型的资源能够实现互相渗透和联系，并达到内外部资源的平衡，当内部资源出现不足时通过外部资源进行补充，使整体资源配置结构发挥最佳效果。涉农企业进行资源整合，提升资源积累能力，就要打破资源的分散状态，达成资源转换和价值实现效果。结合自身的优势资源和资源短板，使资源状态能够与战略目标实现和涉农企业发展规划相匹配，及时调整资源配置结构，调动外部资源和内部资源的协调统一，实现对涉农企业资源的积累。积极利用可调动资源，形成高效率的资源利用机制，带动涉农企业发展。涉农企业在资源积累能力提升和资源配置结构优化的过程中，要发挥沉淀性冗余资源对涉农企业提供的缓冲支持作用，保障涉农企业创新能力的实现。

二 加强生产模式与经营战略协同，提高涉农企业市场竞争能力

涉农企业的农工一体化不仅可以降低交易成本，而且有利于挖掘涉农企业资源潜力，提高其利用效率。同时，农工一体化本身形成的市场进入壁垒能够提高涉农企业竞争力，创造获取范围经济的机会，从而推动涉农企业长期发展。此外，多元化经营战略的实施可以有效降低经营风险。因此，应促进农工一体化模式与涉农企业多元化战略的协同，为涉农企业成长提供战略支持。

（一）加快涉农企业农工一体化建设步伐，发掘涉农企业资源潜力

农工一体化对涉农企业发展和市场竞争能力的构建具有重要作用，是涉农企业在新时期实现涉农企业长足进步的创新路径。为此，涉农企业需要不断加快农工一体化建设步伐，发掘涉农企业的资源潜力，推进潜在资源的转化，优化涉农企业资源存量，对涉农企业运营发挥支持作用。涉农企业推进农工一体化经营模式升级，有助于实现降本增效的目标，降低交易成本，一定程度上缓解涉农企业可能存在的资金压力，并且为涉农企业创造更高的利润。在这个过程中，要通过资源利用效率的不断提升，构建涉农企业的资源优势。涉农企业要积极探索产业链条各单位的协同机制，打造农工一体化建设路径为基

准的利益共享、平等互利的新型合作关系，实现产业链条的多向延伸，将涉农企业个体利益演化成多主体的共同利益。涉农企业的农工一体化建设要始终坚持农产品品质提升优化，打造现代化特色的农产品供应。为此，要从农产品供应原料供应环节入手，落实农产品供应质量溯源，不断丰富农产品种类。在基本质量保障的前提下，平衡农产品供需，增强农产品供应与市场要求的适应性。由于农工一体化与传统农业涉农企业经营模式具有较大不同，涉农企业应当积极提升自身在供应、生产、销售和物流方面的管理能力，弥补自身能力的短板，实现涉农企业市场竞争力的提升，打造多元化的农业发展形态及业态。通过提升产品附加值，进而提升涉农企业市场影响力，实现涉农企业经济效益的增加，助力涉农企业实现市场占有率的提升。实现农业多功能的格局，使农业发展实现多元化，拓宽涉农企业价值空间，并实现农产品经营体系和生产体系的不断完善，带来农业产业系统的整体优化升级。

随着乡村振兴战略不断推进，涉农企业在国家政策红利下获得广阔的发展空间，聚焦"三农"，加快产业振兴，为涉农企业农工一体化实现创造了条件。我国是农业大国，农业事关国家经济命脉。围绕乡村振兴战略，涉农企业建设发展过程中要聚焦产业发展核心，将农产品生产供应与现代化农业挂钩，加快产品经济价值的提升和附加值的创造，实现竞争优势。为此，要大力推进涉农企业科技创新，培育产品生产制造科技孵化能力，增强涉农企业实力。在国家农业供给侧结构改革趋势下，涉农企业可以加强合作创新力度，实现行业协调发展，增强经济发展辐射带动效应，实现涉农企业间的优势互补，优化资源利用结构及能力，发挥资源潜力。涉农企业要紧紧围绕市场和客户需求，探索现代农业发展创新点，不断优化农产品质量，加强产业价值链上下游的关联，加快农业科技创新步伐，打造涉农企业核心竞争优势。要加快经营管理理念升级，对涉农企业发展前景做出准确预判，以统筹角度对涉农企业建设发展指明方向，使涉农企业建设发展跟紧市场步伐，实现市场开拓，优化市场主体功能。涉农企业的农工一体化建设是基于现代农业发展趋势，对农业发展的革新。涉农企业需要立足于市场发展导向，推动内部管理质量优化，还可以在政府扶持下，参与协助改变初级农产品的廉价调配机制，推进涉农企业综合实力的提升。释放涉农企业发展活力，突破传统农业生产经营模式产生的阻碍，以现代化的经营思路实现涉农企业的集约化运转，打造新的涉农企业发展机制，并引入智能化、绿色化、特色化的模式转变传统农业涉农企业粗放型的加工模式和产品形态，优化深加工能力，打造规模经济。在新的发展趋势下，涉农企业产品向深加工食品和工业产品发展，更加深入市场，了解客户需求，实现农工商和产供销的结合，并不断进行市场扩充，实现产业链条的延伸和新市场、新领域的扩张。涉农企业农工一体化建设步伐的加快和涉农企业资源潜力的挖掘过程中，加快粗加工向精加工转变，促进粗放经营模式向规模化集约化生产经营模式的转变。基于传统生产经营模式中存在的分散性和对市场发展趋势的滞后性，要大力推进农工一体化建设，丰富自身实力改善传统农业生产及供应中存在的问题。由于传统农业发展理念和科技创新体制的不足的限制，应积极推进涉农企业科技创新项目的发展，为农工一体化经营模式深入创造条件，以现代工业经营理念和管理模式实现生产链条的延伸，将涉农企业蕴含的多重价值要素进行整合，优化资源使用，实现各项农业科技成果向生产力的顺利转换，为涉农企业创造更多经济价值。

（二）提升生产模式与经营战略协同程度，优化涉农企业谈判能力

涉农企业要抓住农工一体化的发展机遇，提升市场进入壁垒，涉农企业要基于市场壁垒提升的前提下，积极探索范围经济优势的建立路径，为涉农企业发展创造动力，实现涉农企业长期可持续发展目标。涉农企业的生产模式与经营战略协同有助于农业产业化目标的实现，而农业产业化又为涉农企业发展提供了强大的助推力。因此，涉农企业应当积极承担社会责任，带动涉农企业经营模式的发展深入。涉农企业可以发挥自身的市场地位优势，建立品牌意识，优化行业内部聚拢能力，加强对产业链条中其他节点单位的合作，创造产业集群效应，以此提升涉农企业实力。在国家政策扶持下，涉农企业要积极

利用国家补贴和税收减免等优惠政策，打造涉农企业资源优势，补充资金供给，强化品牌效应，提升市场占有率。涉农企业进行农工一体化经营模式建设发展，要不断提升生产效率，以绿色高效为原则，利用内外部资源对涉农企业的经营项目进行品牌化塑造。要发挥自身在特色化、专业化经营方面的优势，探索适合涉农企业需求和特点的发展模式，推动农产品标准生产供应模式的建立，加强生产模式与经营战略的协同。以资源利用率优化作为生产经营模式优化的重要目标。在资源利用方面改变原有的粗放利用方式，打造集约化的资源利用模式。由于资源的有限性，涉农企业在开发潜在资源，优化资源利用的过程中，还要打造节约化的资源使用模式，在科技创新的驱动影响下，实现涉农企业绿色可持续成长运行，打造低碳经济发展模式。

涉农企业要实现生产模式与经营战略的协同目标，需要打通农工一体化发展机制的壁垒，营造一体化的农产品供产销产业链，针对原有产业链条上的细节进行持续性优化，实现相关资源的下沉。关于农产品供应及销售环节可能面临的阻碍，涉农企业要积极打通销售渠道，建立灵活性的供销机制，避免供应与销售环节的脱节，提高涉农企业适应市场需求变化的能力。由于农工一体化涉农企业的特殊性质，其价值链呈现跨时空、多主体的特点。因此，在涉农企业探索发展路径、优化生产模式与经营战略协同机制的过程中，必须对涉农企业价值链进行系统化梳理，使价值链管理促进实现产品增值。在涉农企业对价值链管理进行梳理的过程中，要以价值流程为基准，进行多向化延伸，并针对价值链中的各个环节，通过价值链结构分析与利益链条相结合，以统筹的观点看待价值链延伸和优化与涉农企业发展之间的关系，并将大环境的变动作为重要的参照因素，选择适合涉农企业发展的目标价值导向。对于农工一体化涉农企业而言，要打造竞争优势，提升市场占有率，实现对新市场的拓展目标，从产品多样化和质量优化等方面入手，提升涉农企业核心竞争力。涉农企业必须从价值链本质上明确涉农企业价值链的成本管理的具体范围，作用于目标产品中并以此进行产品价值活动分析。价值链管理能够帮助涉农企业明确资源投入预期，并以价值活动流程和循环经济视域为参考，有助于涉农企业进行相关环境成本的考量，发现当前价值链状管理态存在的潜在风险并以此做出改进。涉农企业对价值链的改进有助于价值链整合与经营绩效提升，进而为涉农企业进行生产模式优化和多元化经营战略协同创造条件，还可以根据价值链结构评价的结果建立价值链的成本管理措施及制度框架，帮助涉农企业优化管理质量，从而实现竞争优势的打造，维持价值链条的稳定，为涉农企业运营提供保障作用。

为提升涉农企业的谈判能力，涉农企业应加强生产经营模式的优化，对涉农企业治理结构建立持续性优化措施，打破各单位分散化的模式，整合资本投入，并不断完善生产经营指标评估体系，使涉农企业生产经营活动有章可循，从制度层面优化涉农企业价值创造活动，实现农产品加工环节附加值的打造和涉农企业价值链增值目标。对农工一体化涉农企业而言，价值链系统应当服务于产品质量稳定的目标，可以通过相关激励措施提升涉农企业员工工作积极性和凝聚力，在部门之间形成高效协作的工作模式，实现涉农企业整体系统的有序运行，为涉农企业发展提供动力。优化涉农企业内部控制质量，通过会计信息决策支持系统的建立和完善，提升涉农企业信息化集成程度，加快涉农企业生产模式与经营战略协同过程中信息技术资源的投入使用，使涉农企业能够及时接收市场需求信息，通过对大数据信息的分析使用调整涉农企业发展决策，实现财务管理系统的整体优化升级。随着农工一体化程度的不断加深，涉农企业要注重财务管理成效，结合涉农企业自身情况整合优化价值链。涉农企业生产模式与经营战略的协同，对财务管理质量和财务信息处理能力提出了新的要求，在大数据背景影响下，涉农企业必须优化财务管理质量，完善财务决策支持功能，为涉农企业发展赋能，为涉农企业成长助力。

（三）通过多元化经营战略建立涉农企业风险抵御机制

近年来，随着人们物质生活水平提升和生活条件改善，产品品质和安全问题逐渐成为消费者关注的热点话题。涉农企业管理层要不断更新管理理念，提升经营管理素质，优化经营技能，引导涉农企业的多元化规模化经营，实现新市场领域的开拓。基于国家经济大力发展建设的实际，涉农企业管理理念也要随之加快思想转变，将质量保障作为涉农企业发展的重中之重，打造质量就是生产力，质量就是涉农企业生存之基的基本理念，将涉农企业总量扩张的发展趋势向质量持续优化上转变。从生产供应环节，加快增产向提质增收方面发展，优化涉农企业发展目标，实现绿色涉农企业发展模式的构建。而农工一体化涉农企业必须建立严格的质量要求体系，保障产品品质，才能够有效稳固市场地位。从生产加工过程的各个环节加强控制，保障涉农企业产品质量，建立并完善质量追溯体系，满足市场和消费者需求，提升涉农企业核心竞争力，促进涉农企业可持续发展。涉农企业面对多变的市场环境可能面临多方面的压力和风险，而保障涉农企业的平稳运行则需要不断提升风险抵御能力，利用多元化战略的推进降低经营过程中可能出现的各种风险和对涉农企业运营秩序造成的不良影响。涉农企业由于行业的特殊性，其进行农产品的生产供应存在许多潜在的风险，这些风险影响着涉农企业供给链条，一旦风险要素没有被准确识别，就可能导致涉农企业无法启动相应的风险预警机制，风险抵御能力降低，影响涉农企业经济绩效，甚至危及涉农企业自身发展和生存。为保障市场经济体制对涉农企业发展的促进作用，涉农企业要不断提升风险抵御能力，缓冲外部环境变化对涉农企业经营秩序造成的影响，在激烈多变的市场发展趋势下维持涉农企业业务各环节的稳定运行，以多元化经营的战略思路完善涉农企业风险抵御机制。建立风险预警体系，并采用多元化经营战略的思路帮助涉农企业实现有效的经营风险管控，一定程度上降低涉农企业所面临的经营风险。尤其是市场环境变动等对涉农企业生产供应影响较大的要素，要加强风险防控意识，优化风险预判与预警机制，使涉农企业能够通过预判规避和降低风险。

推行涉农企业多元化经营战略，提升涉农企业风险抵御能力，引导涉农企业发展实现管理服务思维的优化，建立市场导向的工作机制，引入市场机制作为涉农企业发展成长和农工一体化深度融合的杠杆，发挥涉农企业的主观能动性。完善价值链上各环节中的风险预防机制，帮助涉农企业避免由于市场及价值链前端不确定性可能对涉农企业造成的损失，结合价值链优化对涉农企业内部控制系统进行重构，完善内部审计结构及功能，提升审计绩效，实现业务流程的整体优化。构建多元化经营战略的推进和风险防御体系，防止内部转移价格等对涉农企业可能产生的不利影响，从各个环节保障涉农企业预期利润实现，并对外部市场价格竞争冲击现象建立涉农企业保护。通过多元化导向的构建，引入质量效益指标评估手段，将综合性高质量发展作为考核标准，优化涉农企业建设推动涉农企业快速稳定的发展。作为国家产业发展目标的关键环节，涉农企业在自身发展过程中既要积极参与市场竞争，获取更多的市场机遇，培养自身的独特优势，又要保障自身运营秩序的安全与稳定，完善涉农企业运营与产业行业整体发展动态的互补机制，加强关于大数据技术等现代信息技术的运用，提升信息获取和资源配置的能力。由于市场变动因素及竞争的影响，涉农企业实现一体化战略推进可能面临诸多问题，创新孵化和竞争优势的打造以及多元化的经营战略深入需要突破这些"瓶颈"。涉农企业需要加强与产业间的联系，以自身优势为出发点，实现外部优势资源的吸纳，并为涉农企业扩充资源储备，带动涉农企业多元化经营战略的发展。积极促进各项资源要素的互通和涉农企业发展空间的有序扩充，以创新协同助力产业整体优化升级，并以此助推涉农企业的增质提速发展目标的实现。当前，我国为推进涉农企业创新发展和综合竞争实力的提升营造了良好的市场氛围，实现了产业服务制度和相关政策的不断完善，鼓励涉农企业建立以创新为指导思想的长效发展机制。涉农企业应利用国家利好政策提供的潜在机遇下不断优化风险防范机制，实现对风险抵御能力的提升，在激烈的市场竞争中实现快速稳定的发展。

（四）以一体化经营模式带动涉农企业发展战略稳步推进

大力发挥农工一体化经营模式对涉农企业发展的推动作用，深化产业化经营程度，为涉农企业生存发展提供充足动力。加快农工一体化经营模式的深入，明确涉农企业主导产品的核心地位不动摇，跟随市场发展步伐和顾客需求，发挥涉农企业独特资源优势，发展农工一体化循环经济模式，加强涉农企业资源控制运用，并建立相应的激励机制，提升涉农企业竞争力。农工一体化经营模式需要创新科技体系的支撑，涉农企业要在高新技术资源扶持下，实现成本管理质量的提升和涉农企业运行效率的优化。在循环经济模式影响下，优化产业链条提升盈利能力，建立并完善高效协调的运作机制。涉农企业以一体化经营模式带动涉农企业发展战略稳步推进，大力发展高新技术，提升涉农企业核心技术优势水平。采用农业生物技术、设施技术、多色农业技术等现代农业技术，实现农产品精加工和深加工，实现农业初级产品的增值，向绿色化、优质化、科技化转变。另外，一体化经营涉农企业科技技术成果的应用涉及价值链条的各个环节，要落实农产品包装、运输和质量成分监测各项环节，通过无菌包装、保鲜技术、活性物质功能鉴定技术等，为消费者提供放心产品，向市场提供精细化智能化的新时代农产品。还要通过清洁生产技术，加强污染治理能力，建立循环体系和产业生态链条，加强涉农企业资源利用率和转化率，创造更多涉农企业价值，推动涉农企业一体化经营模式的深化。一体化经营模式的深化还要积极利用信息化技术，稳定循环经济发展模式的核心，将涉农企业管理技术体系功能进一步优化，建立信息沟通高效平台，还可以通过与外部涉农企业的合作，实现资源跨行业、跨系统再利用。在信息技术作用下，涉农企业在开展一体化运营质量提升的过程中，要与产业链上下游打造协同关系，实现行业分工与整合。在此基础上，产业链各单位通过精细化合作实现链条整体互联互通，深化合作关联，推动涉农企业战略目标的达成。

农工一体化经营模式的深入离不开高新技术的支持，也离不开技术创新的推动。对于涉农企业而言，要为技术创新的实现优化基础设施配备，从而使创新系统实现交互，加强信息技术应用发挥新型农业技术对提升农业劳动生产率、保障农产品质量的重要作用，加大新型农机的投放和使用，建立涉农企业发展方向和市场发展趋势的基本认识，提升基层员工工作积极性和业务水平，实现涉农企业员工综合素质的提升。通过农工一体化经营模式带动涉农企业战略目标实现，要不断提升资源储备与要素结合的程度，使创新系统能实现进一步发展，为涉农企业发展提供人才资源和技术资源，丰富涉农企业技术创新体系框架，使相关农业生产经营创新成果能够及时转化，帮助涉农企业实现利润创造。对于涉农企业而言，其发展战略应当围绕农业可持续发展，通过内部价值链条和循环经济发展模式的构建，实现价值链条上下游的结合和价值链的整合，从循环角度推进经济建设发展的步伐，加快价值链的内部运转，提升农工一体化经营模式的有效性。另外，还要通过资源能耗的有效降低，实现涉农企业经济效益的创造和资源利用率的提升。涉农企业要建立并完善运行机制突破传统农业推广模式的限制。以生产模式与经营战略的协同发展为目标，提升农业技术开发和创新的资源投入，实现技术开发和升级，使涉农企业的生产供应更加稳定。同时，还要不断提升推广和市场经营能力，补足涉农企业在整条产业链上的短板，平衡涉农企业发展规律与涉农企业实际需求的关系，构建质量服务意识和客户关系维持的基本目标，保持与客户、市场及上下游单位的良好沟通机制，对涉农企业发展链条上可能出现的问题进行针对性解决，利用涉农企业自身资源优势实现涉农企业发展，提升涉农企业竞争力。涉农企业要积极构建信息网络，根据从市场方面获取的价值信息进行涉农企业内部决策，提升决策的科学性。建立涉农企业发展的全局化导向，加快价值链升值和产业链增值，打造顺畅的沟通协作机制，深入涉农企业实际借助自身资源优势，有序引导涉农企业内部创新机制的建立，加快技术成果转化，加深对于外部环境和市场发展趋势的预判，打造涉农企业核心竞争力。

（五）以协同化战略格局带动涉农企业竞争力提升

涉农企业坚持协同化战略格局构建，应当加快生产模式与经营战略的协同，以市场发展为导向，紧跟市场发展步伐和顾客需求，加快科技成果转化，打造农产品特色品牌，树立独有市场优势，促进经济效益的实现。涉农企业应当与产业价值链上下游节点单位保持良好沟通与协作，汇聚各单位的协同力量，调动多主体共同参与，营造良好的价值链秩序。可以通过产业联盟的形式探索新型合作模式，建立共同利益，形成共同推进涉农企业发展的合力，推进产业价值链升级。在产业联盟作用下，涉农企业影响力能够实现有效提升，并使得各项农业技术成果能够实现快速转化。引导涉农企业与合作社和种植大户沟通协作，使农业经营主体向多元化发展。在多方合力作用下产业联盟影响力能够得到扩大，使相关农业技术向生产力转化的速度明显加快，通过产业联盟的合作，使农业技术实际需求与农业经营主体变动相匹配。

涉农企业构建协同化的战略格局，是国家经济建设发展目标的重要内容，也是涉农企业实现自身发展的必经之路。当前涉农企业发展矛盾主要是产品结构与消费者消费理念及需求不匹配的矛盾，以及产量追求与市场对食品质量安全要求的矛盾。在传统经营发展理念的影响下，涉农企业发展还需要在产品结构和管理理念上进行调整，使涉农企业发展与市场需求相适应，从市场竞争中找准自身定位，并不断优化当前产品结构和质量，树立品牌效应。在涉农企业农工一体化建设进程中，巩固涉农企业生存发展的根基，为其他市场的开拓提供助力，加强品牌与公司文化建设。既需要为涉农企业创造充分的经济效益，也需要积极承担社会责任，加快自身价值链循环模式的构建。涉农企业拥有较为广阔的发展空间，也需要面临较大的竞争压力。要形成自身的竞争优势，提升涉农企业竞争能力，就需要坚持科技创新作为价值创造的重要基础实现产品优势，能够根据外部市场信息及时调整产品生产导向，创造品牌效应，获取消费者认可。

面对市场竞争中常常出现的同质化竞争问题，涉农企业在开展协同化战略推进工作过程中，要格外注意同质化现象对涉农企业运营造成的影响。凭借自身的技术优势，加大新产品开发力度。降低市场上的同质化竞争，对客户及市场进行提前布局，利用自身发展优势，提升产品复制难度，并及时采用品牌保护及专利保护等措施，不断增加产品价值，发挥涉农企业质量溯源的优势，在同质化产品竞争中树立自己的独特优势，促进顾客价值的实现。积极推进一体化的战略实施，实现产业结构升级，延长供产销产业链条，加强涉农企业对产业链条的把控能力，为协同化战略格局的构建创造条件。缓解涉农企业资金资源方面的压力，降低涉农企业财务风险，维持涉农企业稳定运行。一体化战略的实施要循序渐进，着眼于涉农企业自身内部控制秩序的维持，积极探索在大数据和"互联网＋"的时代背景下加强涉农企业内部治理成效的有效途径，提升公司绩效水平，实现涉农企业管理模式的升级。涉农企业竞争能力提升需要内外部结合，建立跨环节的涉农企业管理视角，实现涉农企业经营的规范化运行，并通过加强管理手段促进一体化战略的发展，加深产业融合程度，发挥协同化战略格局对涉农企业成长的积极影响作用。

三 发挥涉农国有企业优势，引导非涉农国有企业资源利用能力提升

涉农国有企业应充分利用自身政策和资源优势，优化生产模式和企业经营战略，完善自身产业链，在积极投身国家战略实施的基础上提高资源利用效率和保值增值能力。政府应积极引导非涉农国有企业，优化产业结构资源积累、生产模式变革和经营战略调整提供政策和资源支持。

（一）积极打造新时代国有涉农企业创新发展模式

国家聚焦"三农"，大力贯彻乡村振兴战略，为农工一体化经营模式的推进和深化创造了良好的政策基础。在新时代背景下，农业发展的趋势就是走城乡融合、共同富裕的道路。涉农企业要积极探寻农业发展的绿色生态化道路，稳定农产品供给链，优化农产品品质。要改变农产品粗加工模式，摒弃传统初级产品出售的单一局限性而导致的企业市场利润空间的不足。通过科技创新和市场调研，国有涉农企业创新发展模式中，应以客户需求为标准，大力发展农产品精细化加工，实现产品附加值的打造，从而构建起新时代农产品供产销链条和经营模式。企业要积极突破，大力发展创新，优化供产销链条中的短板环节，提升企业经营决策的科学性，为企业创造经济效益和利润空间，为一体化多元化经营模式在企业中的有序开展打下基础。及时更新企业发展管理理念，改进内部组织机构和业务流程优化企业发展战略布局。根据国有涉农企业具体的用人需求和岗位职责内容，制定个性化人才培养方案。国有涉农企业还要积极从内部发掘人才，通过采用职业经理人制度发挥企业潜在人才资源优势，为企业经营模式优化升级助力，为市场化高质量推进创造基础。企业要加大员工培训方面

的资源投入，通过专业化培训计划的组织，使人力资本得到有效提升，也使得外部市场信息流通与企业内部人才素质相适应，发挥专业能力提升企业决策准确性。要使企业得以科学决策和效率优化就要积极发挥大数据技术在信息检索、定位、筛选、处理方面的独特优势，在新的时代发展趋势和方向下进行企业人才的发掘和培养。要以专业化、科学化的工作模式发掘人才、培养人才，加快人力资源角色和岗位职责的创新转变，在实现企业员工管理功能的基础上，积极探索在员工激励方面的有效尝试。国有涉农企业发展要注重管理机制体制的持续性优化升级，不断提升企业管理能力，优化各项资源管理制度，提升资源利用能力，丰富自身资源储备，扶持主业发展和市场开拓，实现涉农平台优化升级，实现自身实力的不断提升，带动区域化涉农经济状况整体优化，发挥集聚化效应，打造规模经济发展优势。

相较于非国有涉农企业而言，国有涉农企业在资源和政策方面基础较好，对推动国家涉农企业整体发展、加快农业产业化建设步伐具有有利条件。为此，涉农国有企业要积极开发自身潜在资源，促进企业自身生产模式和经营战略，并打造国有涉农企业生产模式和经营战略协同机制，促进一体化多元化经营模式的开展，以实现产业链的升级完善。在国家战略扶持下，国有涉农企业要积极发挥保值增值能力，通过企业内部审计质量的优化提升资源利用效率。国有涉农企业产业格局优化要基于区域特色和资源基础，开发农产品种类和运输环节潜在优势。基于农产品自身特性从冷链运输、仓储配货等环节寻找特色产业链条发展契机。要以项目实体化运营为战略目标，加强农业产业模式项目建设，在项目规划方面引入多级多主体国有涉农企业的合作，通过有效合作机制的引导，推动国有涉农企业对资产资源的优化管理，激发资源潜力市场化建设。以提升企业竞争力为目标，立足区域内产业结构实际情况开发自身优势，推动整个产业链上下游协作，实现农业产业的可持续发展。开创新时代背景下的创新发展模式，促进产业链的优化及延伸，打造链条上的风险共担机制，提升企业抵御风险的能力。随着国有涉农企业市场化程度的不断提升，外部多变的市场环境也带来了更多样的风险，稳定国有涉农企业在市场波动环境下的经营秩序稳定，加快向其他新兴产业市场领域的拓展与延伸，在原有产业优势基础上进行新市场领域的开拓。同时，国有涉农企业在经营模式改进过程中，也面临着一些困难，例如国有涉农企业转型发展相关措施与高质量推进涉农企业转型升级以及打造市场竞争优势的发展战略适配度不高、资金储备不足、信息化程度不高等多方面问题。此外，农业产业特点也存在较大的不确定性，一些特殊地区耕作条件给机械化推广带来障碍，劳动力成本居高不下缩小了企业的利润空间，加剧了涉农国有企业进行农业产业模式改造升级和经营战略协同化发展过程中的压力。推进国有涉农企业的改革，实现国有涉农企业发展，打造自身优势，使企业发展能够紧跟市场化发展趋势。从企业内部发掘改革动力源泉，为农工一体化经营模式的开展创造活力。另外，要明确经营模式改革推进的具体任务，通过责任清单的梳理和建立，为国有涉农企业各部门制订工作计划提供指导和参照，推动经营模式改革稳步实现。针对当前国有涉农企业与市场化和价值链上下游单位衔接不畅的问题，要以问题为导向，为企业实现市场化发展制订可行性计划，并针对计划中的重点、难点进行解析，提升国有涉农企业资源利用能力标准，使国有涉农企业发展和经营模式改革实现质量优化，推动国有涉农企业的转型升级。不断优化内部控制制度，提升内控制度完整性，降低经营风险提升决策科学性。要充分发挥监事会和审计部门的作用，突出监督职能，为企业创造价值。使企业资金管理有序运行，服务于企业筹资投资等财务活动。促进企业多元化筹资模式的构建，使资本结构实现优化。完善绩效考核机制，保障组织结构人员履行个人职责，实现冗余资源水平的合理优化，既能够为企业提供资源支持，又可以避免不必要的成本损耗。

在新时代中国特色主义发展的理念下，促进乡村振兴一直以来都是我国政府始终贯彻的发展目标与方向。我国是一个农业大国，乡村改革作为我国经济的发展的主要内容，如何改善"三农"发展，促进城乡融合化经济发展始终是我国重点关注的乡村改革问题。为了有效推动乡村经济建设，我国结合乡村振兴实际战略视角，从农村的发展需求方面出发，出台了大量的乡村振兴指导意见。在这其中，金融相关政策就是一项重要的战略部署。这项政策是从金融经济的角度，结合乡村实际发展需要，为乡村振兴发展与建设提供了重要的资金保障，让越来越多的乡村经济主体逐渐呈现出多元化的发展趋势，有效地缓解了乡村经济发展资金匮乏的问题。随着乡村振兴力度的不断加大，农村各项产业也得以不同程度的发展，在促进了乡村整体经济发展的同时，也通过经济链的持续增长，为普惠金融发展开启了入驻乡村的发展之路。随着乡村产业的不断壮大，经济市场彻底进入活跃状态，在此种情况下，乡村产业对于融资需求也会日益增多，这也为金融行业发展提供了更多发展渠道。基于涉农国有企业在转型升级期间存在的资金流短缺和融资能力不足的问题，涉农国有企业进行项目创新就会缺少资金支持，或者由于资金的缺乏和后续资金无法实现保障而导致已启动项目的中止。国有涉农企业实现自身经营战略优化，就要对资金流短缺问题采取措施提升融资能力，克服农业相关建设投入资产变现能力不足的限制，优化金融政策支持路径，建立良好的企业信用基础，积极转变自身观念，认识到金融机构对于资本市场资金供给的重要作用，考虑金融机构贷款渠道缓解企业资金压力，完善企业现有产业链和业务范围，实现企业竞争力的进一步提升。在国有涉农企业进行风险投资项目选择的过程中，也要考虑自身资金实际情况，尤其是融资渠道方面的限制，要有选择地开展资金投资活动，并重点关注一些资金回收期较短的低风险项目提升企业资金资源利用效率，为企业发展创造更多资金来源。加快管理理念转变，不断优化国有涉农企业资金管理能力，制定有效的管理措施。预算管理优化的过程中，要将投资预算管理范围进行扩大，并对预算进行细分，建立逐层分析的财务预算计划评估，使财务管理质量提升的意识自上而下在企业中发挥作用。提升企业资金利用效率。引入资本市场资金资源进行本企业价值创造，利用国家优惠政策，改善融资担保机制，缓解融资压力，明确融资目标构建多元化的融资体系。改善融资能力优化资金流供给，使企业资金成本结构更加合理。

（二）有序建立政府引导下的国有涉农企业竞争优势培育模式

加快涉农国有企业自身发展，带动非国有涉农企业资源利用能力的提升，不仅是依靠国有涉农企业或者非国有涉农企业单方面就能实现的，而是需要多方的协调与配合，形成合理的利益机制推动多主体的高效协同机制。国有涉农企业才能够有效突破发展建设改革的阻力，不断提升资源利用能力，政府作为乡村振兴战略实施的主导者，对涉农国有企业发展和非涉农国有企业资源支持都能够发挥统筹功能和积极效用，是涉农企业进行生产模式和经营战略协同、实现一体化经营战略目标的重要保障。发展农业现代化是国家四个现代化的重点要求，而国有涉农企业经营模式升级也是国家农业产业化发展的重要组成部分。因此，在涉农企业发展中需要充分发挥政府功能，为涉农企业市场开拓和实力提升铺平道路。政府要将扶持国有涉农企业核心优势和市场竞争力培养作为重点工作内容，为国有涉农企业产品附加值打造和产业链价值提升提供保障。在国有涉农企业扶持过程中，要出台相关政策和措施立足于企业发展的实际需求，以多种形式积极开展政府有关部门与国有涉农企业之间的沟通，建立双向交流模式，沟通实现政府将国家发展政策向涉农国有企业进行传导的功能，积极优化管理措施，引导国有涉农企业的有序建设发展。为进一步落实政府对国有涉农企业优势构建和竞争能力提升的积极作用，政府可以与当地国有涉农企业探讨新的合作模式，明确国有涉农企业竞争优势构建作为目标，了解当前国有涉农企业发展过程中的问题，形成相应的项目优化方案，明确责任清单，提交项目落实。国有涉农企业资金流压力对其财务管理质量存在直接影响，也制约了国有涉农企业经营模式变革的效率，使企业风险抵御能力降低，积极帮助国有涉农企业筹措拓宽筹资渠道，助力企业打造品牌效应，提升市场占有率。要积极发挥人才专业能力，优化人力资源，结合大数据技术和人工智能技术等信息技术，帮助企业寻找潜在市场发展机遇，为国有涉农企业提供重要的资源补充。我国当前涉农企业存在一定的科技水平不足，要实现乡村振兴战略目标，企业还需要加强技术研发及成果转化，突破科技限制"瓶颈"，实现生产力的整体提升。帮助国有涉农企业积极梳理自身优势资源，优化资源配置和资源存量状态，使企业资源利用能够服务于生产力的提升及技术创新突破，为企业创造更多利润空间。国有涉农企业要积极利用政府扶持政策优化营销机制，打造品牌效应和市场竞争优势，实现企业可持续发展。

创新是事物发展的动力，农业技术创新也为农业现代化发展和涉农企业生产率的提升提供技术资源。要实现我国农村经济发展，实现农业现代化建设的目标，就需要借助创新力量，实现传统经济发展模式的改革。政府要在其中发挥统筹作用，为涉农企业经营管理模式发展创造外在保障，激发企业发展内驱力。我国作为农业大国，农业对国民经济而言地位重要，引导农业产业化发展是政府工作的重点内容，政府需要加快对国有涉农企业的引导与扶持，为企业发展创造良好的制度环境，还要保障市场规范化运行，加快国家现代化建设步伐。对国有涉农企业进行引导支持，从制度环境和经济环境方面，加快国有涉农企业现代化工作管理模式的不断深化，释放发展活力。政府要引导国有涉农企业认识到传统农业发展模式和经济环境对促进现代化建设目标实现形成的障碍，指引涉农国有企业进行现代化经营模式建设，突破传统观念和体制的束缚。在区域内选取潜力企业，培育龙头企业，开展农业特色化、产业化建设，为区域经济整体带动打下基础。农业产业化是我国乡村振兴战略的重要组成部分，落实农业农村现代化发展建设的具体目标，强化企业社会责任意识，积极参与市场竞争，不断激发其创新潜力。政府可以发挥自有资源优势，帮助国有涉农企业建立技术和品牌优势，并加强价值链上下游单位及行业间联合合作，打造共同利益机制，形成高质量产业集群。考虑到创新对于农业发展和企业生产模式与经营战略协同的重要作用，政府要积极推动国有涉农企业新旧动能的转换工作，在品牌优势基础上，加快产能升级，促进互联网平台与农产品营销结合的新型产销模式，实现企业市场竞争力的优化。

政府对国有涉农企业的扶持可以从多方面展开，开展多元化的政策及资源支持，创新国有涉农企业发展模式，为农工一体化推进创造新的动力。针对国有涉农企业财务管理能力不足的现状，政府可以通

过加强立法和出台相关政策，规范市场行为。另外以政策支持的形式
对市场交易行为起到协调作用，对国有涉农企业提供补贴、减税和基
础设施建设等多方面的支持，为涉农企业的健康发展提供有效保障，
使国有涉农企业内部各项目能够顺利开展。激发涉农企业发展潜力，
发挥国有涉农企业经营模式变革对国民经济整体发展的促进作用。针
对涉农国有企业可能存在的技术性难题，政府可以发挥统筹优势，为
企业提供技术服务及援助，采用政企合作创新项目的形式，改善涉农
国有企业自有资源不足的状况，提升项目研发成功率，扩大市场份
额。还可以通过政府的影响作用，招揽行业尖端人才，为国有涉农企
业建设补充人才资源，改善涉农国有企业人才缺乏的现状，利用大数
据能力和信息技术能力服务于企业科技进步和革新。国有涉农企业对
高级技术人才的薪酬待遇制度也需要进一步优化，不断完善评价反馈
制度，重点项目进行跟进，使国有涉农企业相关扶持政策能够实现真
正落地。针对国有涉农平台企业进行市场化转型的具体困难，政府可
以通过对区域内市场化转型情况进行基本了解，并按照企业实际需
求，设置区域国有涉农平台企业市场化转型整体目标，选择适合本区
域各国有涉农平台企业的发展策略。对于适用市场化转型发展路径的
企业，在分析企业管理定位、业务及资产情况和组织结构框架等内容
的基础上，明确企业当前发挥的功能职责和范围，与从外部优化资本
供应的有效手段相结合，积极加强企业横向业务整合。优化涉农国有
企业组织治理结构，国有涉农企业生产模式和经营战略协同发展，应
当聚焦农产品供应、加工和销售链条，并提供配套服务，在供产销主
体结构基础上进行服务产业补充，通过农业基地加渠道的方式，助推
国有涉农企业市场化改革。

（三）打破薄弱环节，完善农村"三产"融合要素流通机制

政府对我国农业发展和农工一体化建设格局的构成具有重要作
用，除发挥对国有涉农企业的支持作用外，政府还应当整合资源，促
进非国有涉农企业的发展。实现非涉农国有企业资源利用能力的提
升，资源积累和生产模式变革方面为非国有涉农企业进行经营战略制
定和发展方略调整提供支持。企业稳定运营秩序的实现需要多种资源

的支持，需要积极打通资源支持渠道，扩充资源获取来源，实现外部资源供给系统的保障作用，为非国有涉农企业发展提供源源不断的内在动力，避免非国有涉农企业由于自身资源的限制阻碍开展技术创新和市场营销活动进而影响企业绩效。针对非涉农国有企业技术创新发展和资源获取"瓶颈"，要及时出台有利于非国有涉农企业成长发展的政策，提升非国有涉农企业建立市场竞争优势。非国有涉农企业要积极提升自身实力，积极进行资源整合，并以非国有涉农企业产业聚集的形式发挥辐射带动作用。引导非国有涉农企业发挥自身优势，为非国有涉农企业提供产品宣传和市场拓展的平台，出台补贴政策或税收优惠为非国有涉农企业减轻资金压力。带领非国有涉农企业建立自身发展阶段性目标和整体目标，在市场竞争中实现自身优势。企业需要建立农产品优质供给的质量责任意识，满足消费者的消费需求。在追求农产品健康绿色的同时，还要在口感和品质上做持续性提升，实现农产品供给的个性化发展满足优质农产品供需平衡。要聚焦农村地区三产融合，探索农业功能多元化发展的有效路径，通过多元化新农业业态结构推动农业分工更加优化，实现价值创造和对整体经济结构提升的积极作用。三是生产效率目标。政府要引导非国有涉农企业建立生产效率持续优化机制，培养企业明确绿色生产、集约化生产和环境友好型生产模式的意识，使企业能够关注资源利用能力的提升，实现劳动生产率和土地产出率的优化。在政府引导下，非国有涉农企业要积极开展内部生产效率模式的升级，加快实现粗放型资源利用模式的转变，摒弃传统生产模式可能存在的资源浪费现象。要深入了解节约化、集约化生产模式对企业生产效率提升的作用，在科技创新驱动的作用下，通过生产管理思想和基本模式的转型发展，激发企业资源潜力，打造绿色低碳的循环经济模式。对于非国有涉农企业而言，管理层的能力与企业决策科学性息息相关，只有管理层的能力得到提升，才能够保障企业前进的方向始终跟随市场发展趋势，促进企业实现稳定运营和长远发展，结合企业管理层自身需求，实现企业经营管理秩序的持续性优化，使企业资源利用能力和风险抵御能力得到提升。在外部环境多变的影响下，非国有涉农企业要积极建立自身竞争力目标，在价格、品质、服务方面构建独有的竞争优势。为此，政府可以参与企业竞争力模型的构建，从企业自身实际出发，在产品生产规模、管理成本、品类品质提升方面设定企业竞争力具体目标，实现非国有涉农企业与市场和消费者需求的有效衔接。

此外，实现非国有涉农企业资源利用能力和核心竞争能力的塑造，还需要从绩效考核等方面展开具体分析，由政府引导企业进行产业化发展和经营模式升级有效路径的探索。企业要加快由抓产量到增质量的思想转变，建立质量效益联结观念，将企业发展与产品质量挂钩。通过科技研发、项目投资等多元化形式打造绿色政策体系，从而提升各项优惠扶持政策的效益和质量，使政策支持成效更加明显。加快实现传统工作方法向创新工作方法的转变，正确运用市场价格机制和运作体系推进农业发展变革项目进度，加强对科技手段的运用，尤其是发挥信息技术、"互联网+"的市场发展趋势对农业发展变革的积极作用，带动非国有涉农企业经营模式的转变和经营领域的扩张。政府对非国有涉农企业的支持应当以服务模式推进，鼓励非国有涉农企业进行大胆尝试。为此，要改善绩效评价方法，对区域内非国有涉农企业进行绩效考核，既要符合质量兴农的整体要求，又要有助于当地非国有涉农企业积极性的激发，加快构建关于非国有涉农企业绩效考核体系，对本区域内质量导向性进行考核评价。质量兴农、绿色兴农是我国当前农业发展建设的主旋律，是未来一段时期打造农业产业化程度不断加深和企业新型经营管理模式与协同战略的重点。非国有涉农企业要基于自身实际，保障供给农产品质量的稳定性，推动企业经营模式的整体转型。质量是产品的生命，是企业发展的关键，我国国家政策中多次强调农产品质量的重要性。企业要积极迎合国家政策要求，推动自身质量发展改革，提升管理效率，为国家供给侧改革提供支持。落实关于农产品提质增效的具体措施，不断提升农产品质量结构，推动我国经济结构整体调整优化，为国家经济发展创造新的动力。实现非国有涉农企业资源利用能力和核心竞争力的提升，质量兴农、绿色兴农是国家农业发展的根本要求，而企业的生产模式与经营战略协同、资源利用能力的提升则是企业生存发展的重要保障。要实现国家整体农业建设发展目标和企业发展个体目标，需要多主体共同参与。引导企业经营模式升级，服务企业发展，为企业发展创造良好的市场氛围，构建系统性的创新合作体系。针对涉农企业资金短缺的实际困难，要积极引导多种资本的引入，为非国有涉农企业发展扩充资金来源，推动涉农企业资源储备优化和资源利用能力的提升。

四 建设涉农企业风险管理体系，优化内部控制质量

建设涉农企业风险管理体系，优化内部控制质量需要从加快涉农企业风险识别和评估体系构建、优化风险抵御机制整体结构以及优化涉农企业内部控制等方面入手。

（一）加快涉农企业风险识别和评估体系构建

涉农企业对于我国国民经济建设发挥着重要的作用，并且基于涉农企业的特殊性质，其发展不仅能够实现涉农企业自身实力提升和核心竞争能力的打造，还对于稳定社会秩序、促进整体国民经济发展、缓解就业矛盾等方面都具有重要作用。由于涉农企业对于我国国民经济整体发展具有重要意义，通常能够为涉农企业发展提供一定力度的政策支持。还可以在一些具体方面通过政府职能的角度和相关政策为涉农企业构建起隐形担保机制，助力涉农企业发展，引导国民经济的整体发展。政府的扶持为我国涉农企业发展提供了一定程度的保障，但由于我国市场化的不断深入，经济开放程度不断提升，涉农企业在发展过程中也同样面临着一定的压力。尤其是随着我国经济市场规范性的不断提升，涉农企业在相对公平公正的市场环境中进行相关资源获取和经济利益等的实现，尤其是基于自身体制特点与诸多限制要素影响涉农企业竞争优势的建立。因此，需要不断引导涉农企业提升自身的风险抵御能力，通过加快涉农企业风险识别和评估体系的构建，实现涉农企业市场竞争能力的优化。要积极引导涉农企业参与市场竞争，建立自身在技术和政策等方面的优势，不断提升资源利用率。以涉农企业短期经营业绩与长期发展目标的结合为重点，打造涉农企业治理结构的持续性优化机制，改变传统涉农企业运行过程中的低效状态，从而实现新的资源和市场增长点，为涉农企业的成长发展打下坚实基础。涉农企业在发展运行过程中，也需要提升风险应对能力。风险管理整合框架就是涉农企业进行风险意识培育和风险抵御能力提升的重要手段。该框架为涉农企业进行全面风险管理提供了一个新思路，从内部环境、目标设定、风险的识别和评估等维度为涉农企业提供风险管理的具体立项依据，引导涉农企业通过制定风险应对政策和对信息交流的监控来实现对各项经营活动的控制，实现风险管理在涉农企业运营过程中的全覆盖。在体系构建过程中，必须先明确风险管理的相关目标，并基于目标的具体要求进行风险识别体系的设计。风险识别的过程就是根据涉农企业风险管理的基本目标，对各项事件中可能蕴含的风险性进行准确评估，从而从源头上实现潜在风险要素的把控，对风险事件进行预防，从而确保涉农企业风险决策的科学性。为此，涉农企业的风险管理部门应当对涉农企业运行过程中可能面临的各种风险要素进行准确定位及评估，并不断优化风险评估的方法，并依此为涉农企业提供风险决策依据。涉农企业风险识别和评估体系的构建应当给予可行性、成本效益、系统性和灵活性等多项原则。要保障风险识别及评估手段的适用性，使其风险管理的具体措施能够符合涉农企业实际，获取有效数据，发挥风险评估的有效性。基于成本管理的角度降低风险发生对涉农企业可能存在的不良影响，并探索更加符合涉农企业实际情况的风险控制措施。风险系统的构建是一个复杂的过程，涉农企业进行风险识别和评估应当以准确实现风险分析和防控为基本目标，并根据风险要素的具体情况，将不同的风险评估管理手段结合起来，既要发挥定性分析的作用，也要积极引入定量评估手段，从而保障分析结果的准确性。涉农企业风险识别和评估体系并不是一成不变的，既需要涉农企业根据自身实际需求制定相应的风险识别评估体系，又需要结合风险抵御的相关经验，对风险识别评估体系不断优化升级。涉农企业可以通过分析预警风险概率的具体数值，捕捉经常面临的风险，并将其数据植入风险监测系统，加强关于类似风险的监测力度，从而使风险识别评估体系更加具有针对性，也能够有效提升涉农企业风险抵御的效率，有助于实现涉农企业竞争实力的提升和运行秩序的稳定。

（二）优化风险抵御机制整体结构

要在新的时代发展背景下实现涉农企业的全面成长，提升竞争力就需要不断强化风险管理，构建风险识别和评估体系。在这个过程中，要不断优化风险抵御机制的整体结构，从而防止在涉农企业运行过程中的各种风险要素对于涉农企业运行可能产生的不良影响。风险管控作为涉农企业运行过程中的重点研究内容，涉农企业能够通过多种方法来实现风险管理质量的不断提升，建立规范化的风险抵御机制。风险管理作为涉农企业强化内部控制质量的重要环节，需要不断健全涉农企业内部控制，从而实现有效的风险管控。在进行涉农企业内部控制环境塑造的过程中，通常用到风险整合框架。将涉农企业风险管理实现长期动态的监控，以顺利完成复杂的风险识别过程，实现风险溯源工作。将涉农企业运行过程中可能存在的风险进行评估的过程分为风险辨识、分析和评价等不同的部分，并分别进行了具体的阐释，从定性和定量两个方面来引导涉农企业建立风险识别系统和相关理念，作为涉农企业的实际管理工作中提升涉农企业的风险抵御能力的有效手段，从而为涉农企业增强实力，提升市场竞争能力提供了理论指引。对于涉农企业而言，在运行过程中对各项风险要素进行准确的识别和评估是一项难度较高的工作，并且涉农企业风险识别评估体系的构建，也是一个比较复杂的过程，对于涉农企业风险管理能力及系统性制度均存在一定的要求。要实现涉农企业风险识别和评估质量的提升，就要基于涉农企业风险及市场发展趋势采取多样化的管理方法和手段来进行风险评估和识别工作。尤其是对于涉农企业风险识别和评估体系的构建来讲，要考虑到不同涉农企业的特点及进行风险溯源工作的差异化，进行涉农企业风险抵御能力的提升，构建涉农企业风险识别和评估整体结构。在涉农企业风险评估体系构建过程中和涉农企业风险实际评估活动过程中，应当先对涉农企业当前固有风险进行评估，并且根据评估结果制定相应的防范措施，从而降低风险发生可能对于涉农企业运行产生的不良影响，并根据评估结果选择风险防御措施，从而提升风险防御的整体效果。涉农企业风险识别和评估体系也应当包含对于风险进行分类，识别和评估等不同的子系统。应当在风险分类系统中展开分析，对于风险所属类型进行判断，并且根据风险预警机制和政策，初步实现风险抵御的规划。通过涉农企业的内部控制路径，对风险点进行提前的预判，再将风险要素提交至风险评估系统，具体出具关于风险评估的结果，并以此为依据制定风险防御措施。还可以通过风险处置系统的构建，使得涉农企业在进行风险管理的过程中，以闭环理念进行风险的管理工作。使风险要素的识别、评估和处置的规范化得以提升。当遇到不能通过内部控制手段进行管控的风险点时，涉农企业应当对于风险要素的信息进行及时的整理和归纳，提升涉农企业的风险管控能力，由于涉农企业发展是一个动态的过程，风险管理制度也应当实时进行优化，为涉农企业发展营造稳定的环境。

（三）优化涉农企业内部控制

涉农企业风险管理能力的提升也对于涉农企业内部控制质量提出了具体的要求。因此，要实现涉农企业的风险抵御能力和竞争能力的提升，还需要考虑涉农企业内部控制的不断优化，通过加强内部控制建设的统一规划指导，为涉农企业成长奠定基础，实现涉农企业内部控制系统的完善。在优化我国涉农企业内部控制的过程中，必须加快关于涉农企业内部控制标准规范的推出，并且基于我国涉农企业内部控制标准规范的具体内容，对于相关工作制定配套的评价体系，从而使内部控制实现标准化和规范化，引导涉农企业按照既定的标准规范来进行内部控制质量的提升。关于涉农企业内部控制标准规范的推出，可以通过法律层面对于内部控制评价等内容进行明确的要求，并通过立法和部门监管，强化内部控制，优化控制环境。要充分发挥董事会作为涉农企业内部控制主体的地位和作用，从而保证董事会职权的顺利实施，使得董事会能够履行既定的职责，并促进涉农企业组织结构和运行机制的不断优化，实现内部控制质量的强化。提升涉农企业运行的整体效率。随着现代化涉农企业机制的不断深入，在涉农企业进行内部控制优化的过程中，也应当立足于长远，建立以未来眼光为主导的涉农企业内部控制纲要。加强涉农企业文化渲染功能，从而对员工内在整体素质实现提升，并加速涉农企业价值观的形成。打造独特的涉农企业精神，形成统一的行为准则和相关的道德规范，为涉农企业内部控制质量的提升创造良好的文化环境，并通过激励性薪酬体制的建立，提升员工工作积极性与凝聚力。虽然随着涉农企业市场化的不断深入，一些涉农企业也引入了经营管理者的薪酬与涉农企业绩效的联系，将经营情况与利润分配相挂钩，但是这种程度的薪酬机制容易使得一些短期化行为的发生，从而导致会计造假等现象的发生。因此，对涉农企业内部控制质量的提升应当继续优化薪酬激励机制，从而使薪酬机制的激励作用更加具有实质性。应当不断改进会计监督和管理机制，加强财务管理考核评价手段的科学化建设，明确财务管理相关岗位职能，使涉农企业财务管理工作更加规范化，并且通过财务预警系统的建立，对相关风险要素进行提前预警，从而优化涉农企业的财务监管能力，提升风险抵御能力。通过优化会计信息的整体质量，打造涉农企业的核心竞争能力，建立市场竞争相关优势，实现关于财务风险的及时预警，有效提升风险防范概率，防止涉农企业运行过程中相关风险可能造成的不利影响。

（四）完善涉农企业股权激励机制

随着委托代理问题的出现以及政策环境的变化，我国涉农企业纷纷开始股权激励机制改革的有关探索。作为在有效缓解委托代理矛盾、实现涉农企业持续健康发展方面具有独特优势的涉农企业改革路径，股权激励机制为涉农企业所有者提供了新时代发展背景下涉农企业生存与竞争优势建立的创新思路。随着现代涉农企业制度的不断深化，每个涉农企业都需要思考股权分散及管理秩序混乱的应对方法，发掘涉农企业发展潜力，保障涉农企业的稳定运行，从而实现涉农企业所有者利益。通过长期激励机制缓解委托代理关系中由于信息不对称现象引发的决策失误或其他行为导致涉农企业利益受损的问题，成为应对委托代理问题、维持委托代理关系的稳定和保障涉农企业稳定发展的主要措施，股权激励机制能够有效优化涉农企业内部治理结构，提升涉农企业的运行效率，并实现涉农企业法人治理结构的完善，激发高管人员及核心技术型人员对于涉农企业的归属感和责任感，当涉农企业完成股权激励机制改革后，被激励人员也成为涉农企业股东，由此激发工作积极性，并为实现个人利益与涉农企业共同利益而付出努力。由于股权激励机制赋予被激励者享有涉农企业发展利润的权力，被激励人员将为预先设定的行权条件而恪尽职守，实现科学决策。股东将根据被激励对象的具体业绩表现来确认激励措施，而相关人员也能够及时获取关于工作成果的评价和预估。这些数据信息将对被激励对象起到一定的导向作用，激发被激励对象的潜力，并实现积极创新，有助于涉农企业构建独特的市场竞争优势。2005 年，我国证监会发布管理办法，为涉农企业开展股权激励机制改革提供了重要依据，也鼓励越来越多的涉农企业开展股权激励机制改革工作，从而激发涉农企业发展活力。股权激励机制是在涉农企业内部构建起长期的激励措施，与我国混合所有制改革进程相伴而行。伴随着我国股权分置改革及相关政策的出台，股权激励机制在我国上市公司迅速发展，我国的股权激励机制也逐渐向规范化、体系化发展。2016 年 7月，证监会发布股权激励管理办法，明确上市公司进行股权激励机制改革应当规范披露信息，转变涉农企业监管方式，为股权激励机制改革的顺利开展创造了良好的发展氛围与政策环境，为涉农企业进行规范的信息披露提供了指导。2018 年，股权激励被纳入公司法中，成为公司法中的重要部分，也进一步为我国涉农企业开展股权激励机制改革、发挥股权激励机制的激励作用提供了法律依据，对股权激励机制的进一步推行起到积极的促进作用。许多涉农企业在进行股权激励机制初次尝试后，开始探究股权激励效果最大化的实现路径，实行股权激励计划的涉农企业呈现增长趋势，但股权激励数量所占总股本的比重普遍偏低，由此可见股权激励强度与股权激励的发展未形成完全一致，还存在一定滞后现象。

我国涉农企业目前的股权激励机制可以根据标的物进行分类，大多数涉农企业采取的股权激励计划为期权股权激励、股票股权激励与股票增值权股权激励中的其中一种或多种，而这三种类型的股权激励机制具有其差异性。期权股权激励指的是上市公司进行股票的定向发行，通过期权费用的支付，被激励对象能够按照协议价格对股票进行交易，期权股权激励模式设置了到期日与协议价格，并需要被激励对象先支付一定的期权费用，更加能够建立高管人员与涉农企业发展的共同利益，使二者的发展前景结合得更加紧密，并将涉农企业高管人员行权权利与义务进行分离，有助于激发高管人员的积极性，为实现行权条件而付出充分努力。被激励对象可以根据涉农企业当前经营情况自行决定是否行权。当涉农企业经营状况不良时，被激励对象可以选择不行权，从而保障个人利益，当涉农企业股价上升时，其便可以获得相应收益。而股票股权激励则是通过股票收益来实现的。在股票股权激励机制中，高管人员在资本市场上通过个人购买或者贷款模式实现股票收益，在行权条件的设置前提下，被激励对象能够获取一定数量的股票，当业绩达标或者满足其他预先协定的条件时，被激励对象就可以将这部分股票进行出售。而股票增值权股权激励方式实际上可以看作奖金的延期支付，其与认购权相结合，被激励对象享有一定数量股票增值部分的收益，结算时，股票增值权收益由期末股价与预先约定价格的差额确定，为此高管人员需要不断优化业绩，实现涉农企业股价的上升。涉农企业选择股票期权作为主要的股权激励机制方式主要是由于行权条件的设置下，高管人员为达成行权条件，将提升自身积极性，实现涉农企业业绩及股价的上涨，由此发挥激励机制的长期激励作用。涉农企业进行股权激励机制改革，其本质都是激发高管人员潜力，提升高管人员的积极性，保障涉农企业长远稳定发展。由此可见，我国涉农企业当前在激励工具选择方面更加偏好于激励与约束并存的原则，除此之外，还有一些创新型的股权激励计划也逐渐产生，例如虚拟股票等，既能够使被激励对象具有一定的收益权，能够激励高管人员为优化涉农企业业绩，提升涉农企业股价而努力，以便于获取股价上升后实现的个人收益，被激励对象实际上不能将所拥有的虚拟股票进行交易，进一步保障了涉农企业综合利益的稳定，为涉农企业选择激励工具提供了更多便利。除主板市场之外，创业板市场能够对主板市场进行有效补充，并为当前还无法实现主板市场上市的涉农企业提供了发展空间。创业板市场是资本市场发展的必然产物，并能够有效缓解一些涉农企业的融资压力，使整体资本市场更加完善，并为涉农企业提供了更为宽松的上市条件。对于一些具有良好发展前景的涉农企业而言，可能由于当前规模和资金条件，优化融资渠道，进一步激发涉农企业的发展潜力。而创业板的设立不仅能够保障一些高新技术涉农企业及创业型涉农企业的发展动力，也使得涉农企业股权能够实现自由流转。因此，创业板市场为涉农企业实施股权激励计划创造了自由灵活的氛围，为涉农企业实现市场竞争优势建立创造了条件。对于这些高风险涉农企业而言，其经营秩序稳定性方面存在较大波动，这就有可能提升涉农企业经营者过度关注涉农企业短期业绩表现的概率，导致经营者从个人角度出发，出现投机行为而产生决策失误，使得涉农企业经营者与所有者的委托代理问题加剧。而股权激励机制能够有效优化涉农企业管理成本，缓解委托代理问题，并提升涉农企业经营风险管理质量，实现对经营高管人员的有效激励与约束。因此，创业板上市公司的股权激励机制也在不断发展，有效推进了创业板股份交易制度向体系化、规范化发展，并进一步优化了创业板股权激励计划实施的外部环境。而民营涉农企业指的是我国经济体制中非国有独资涉农企业，这些非公有制涉农企业通常具有股权高度集中的特点。而随着现代涉农企业制度的发展，民营涉农企业的发展过程中也逐渐呈现所有权和经营权的分离状态。民营涉农企业也积极开展股权激励机制改革的相关尝试，越来越多的民营涉农企业在外部政策环境影响下推进股权激励机制改革。但当前涉农企业的股权激励机制还存在许多不足，例如由于委托代理关系的不稳定导致的道德风险问题等。

涉农企业目前股权激励机制的确定和股权激励计划方案的选择受到多种因素的影响。首先是股权性质因素，国有涉农企业和民营涉农企业的股权激励机制计划具有不同的侧重点。由于国有涉农企业的特殊性质，其进行股权激励机制改革需要以保障国有资产的稳定安全为根本前提，因此国有涉农企业股权激励机制计划实施过程中需要避免国有资产股权流失的可能，实现国有资产的保值增值目标。而民营上市涉农企业则不存在这部分顾虑，在股权激励计划及具体方式的选择上具有一定的灵活性。其次是涉农企业所处行业也会影响股权激励机制改革，每个行业所适用的股权激励计划也具有差异性。涉农企业会根据自身实际及行业特性从多样化的股权激励模式中进行选择，尤其是需要结合自身人才储备及人力资源质量情况综合考量。另外，涉农企业所处的发展阶段也会对股权激励计划的选择存在一定影响。当涉农企业处于初创时期，资金压力较大，使其现金流数据表现不佳，这类涉农企业大多选用股票期权激励机制。而处于成长期的涉农企业，在财务绩效方面已经能够具有良好表现，在利润分配方面会以涉农企业成长为基准，并精准定位被激励对象，将股权激励机制限定在管理层骨干人员范围内。处于成熟期的涉农企业在选择股权激励模式时，需要从净资产收益率等长期指标出发，明确股权激励方案实施的目的在于实现涉农企业的长远稳定发展。涉农企业的股权结构情况对股权激励机制的影响主要体现在股权激励机制改革对原有股权集中度的改变方面。从实际控制人持股比例方面可以获取涉农企业当前股权集中程度的有关信息，当实际控制人持股比例较高时，涉农企业会出现股权激励制度不相适应的情况。而当股权过于分散时，也会使得控股股东的权力受到影响。从激励对象上看，涉农企业目前的股权激励机制中有不同的激励对象，包含核心骨干、高管人员、技术人员等不同对象。其中高管人员是涉农企业股权激励机制中的最主要对象，是最能够贴近股权激励机制缓解委托代理关系矛盾的出发点，使得管理人员能够从涉农企业利益出发，通过付出努力实现行权条件。股权激励机制的推进能够促使高管人员更加关注涉农企业长远发展，并寻找涉农企业技术优势和市场竞争优势建立的创新视角，专注进行涉农企业技术研发。涉农企业核心骨干和技术型人才也是股权激励机制的重要对象，通过对这部分人员进行股权激励方案，能够提升工作积极性，发挥自身潜力与专业素质，为涉农企业创造价值，并能够实现涉农企业创新业绩的整体优化，加快涉农企业技术转型。从涉农企业规模上看，一些规模较大的涉农企业大多选择限制性股票、增值权等激励模式，而小规模涉农企业则大多选择业绩股票等。最后，涉农企业盈利状况的不同也会影响股权激励计划的选择，一些盈利能力较强的涉农企业能够具备更加宽松的选择权，而一些盈利状况不佳的涉农企业则大多选择业绩股票这类对现金流不会造成太大压力的股权激励模式。

　　涉农企业要构建完整的股权激励机制，需要从激励对象、标的物、股权激励的具体数量及行权条件等不同层面分析。涉农企业股权激励机制中，激励对象大多针对管理层核心人员，以及涉农企业关键技术人员，这类人员的稳定对于维持涉农企业运营秩序及长远发展具有重要作用，因此对于这类人员实行股权激励机制改革能够有效稳定涉农企业人力资源，建立被激励人员个人利益与涉农企业长远发展共同利益，使相关人员萌生归属感，能够有效提升忠诚度及稳定性，激发其工作活力。从激励标的物来看，大多数涉农企业的标的物较为单一，并且激励比例也较低，激励有效期与考核指标设置方面也有待进一步提升。虽然目前国家关于股权激励机制改革已经构建了较为完善的环境基础，也出台了相关制度进行引导与保障，但实际在股权激励机制改革过程中，仍然面临许多问题亟待解决，这些问题与资本市场发展及涉农企业内部治理结构有待进一步优化有关。我国涉农企业目前的股权激励机制通过股权或者期权的授予，激发被激励者的工作积极性，有助于构建经营者与涉农企业所有者之间的共同利益，实现利润共享、风险共担的良好委托代理关系，当前，股权激励机制成为涉农企业保持核心管理人才队伍稳定和优化涉农企业战略决策的有效路径，越来越多的涉农企业能够对股权激励机制改革建立正确认识，并积极推进适合于涉农企业自身发展的股权激励计划，提升涉农企业综合竞争力，保障涉农企业的健康稳定发展。

五　完善所有制结构、深化管理机制改革

（一）明确政府职能与定位

　　在国家关注及政策扶持基础上，我国涉农企业在改革与成长方面已经取得一些成果，也初步建立起涉农企业竞争优势，但涉农企业竞争力仍不足以应对市场发展带来的新挑战，在面临市场竞争时竞争优势不明显。经济发展使涉农企业在成长过程中面临着比以往更激烈的竞争压力，为此必须不断深化涉农企业改革，打造持续竞争力。应积极发挥政府职能引导涉农企业培养核心竞争力，促进涉农企业实现自身发展，不断优化内部控制质量，提升风险抵御能力，并在分类监管指引下培育自身竞争优势。基于涉农企业的特殊性，政府对涉农企业

相关政策的出台应当基于涉农企业经营管理的实际需要，保障政策的合理性。基于分类监管的视角，对于不同类型的涉农企业在成长发展中的实际需求展开分析，从而明确政府定位。随着市场竞争的升级，涉农企业监管部门应当积极探寻自身定位，从而使政府对涉农企业的监管能够符合不同类型涉农企业的特点，打造创新型、建设型新角色，使涉农企业监管质量能够实现有效提升，塑造有助于涉农企业竞争力培育的环境。对于商业性涉农企业而言，政府要优化行政干预手段的介入方式，减少行政层面的直接介入，为商业性涉农企业各项经济活动的展开营造相对宽松自由的环境，减少行政管理方面造成的压力，实现企业运营效率的提升。而对于公益性涉农企业而言，则需要结合公益性涉农企业自身特点与需求，开展政府监管与引导工作，并积极探索政府行为对于市场建设和相关机制完善的作用，从而为公益性涉农企业提供良好的经营环境，为公益性涉农企业社会效益的实现奠定基础。引导涉农企业建立竞争优势并不意味着需要弱化市场竞争强度，限制市场竞争行为。政府对于涉农企业的监管与引导要以产业规划、结构调整等视域进行，关注新兴产业发展，挖掘现有产业的发展活力，加快落后产能的淘汰与企业运营效率的提升，培养企业竞争力。涉农企业监管部门要与企业达成新型的监管关系，保障政府对企业竞争力打造的全方位促进作用，为企业成长发展营造良好的市场经营环境，并引导企业不断优化资源要素的配置，提升基础设施水平。政府强化涉农企业成长和竞争优势培养，要明确其对于涉农企业发展和国民经济整体结构优化的职能与定位，根据不同涉农企业的类型，正确认识政府在扶持不同涉农企业发展过程中应当承担的角色，提升涉农企业监管质量。通过直接引导与体制完善两个层面发挥角色职能，政府对涉农企业进行直接引导就是根据涉农企业的发展需求，出台相应的扶持措施，为企业竞争优势的打造提供政策支持。体制完善则是政府通过自身角色定位及相关理念的更新，不断优化市场环境，实现社会主义市场经济制度的升级，为涉农企业发展打造良好的外部环境，保障涉农企业能够公平公正地参与市场竞争。在政府对涉农企业进行监管的过程中，应当有序减少对于涉农企业经营和运行的直接行政干预，防止行政干预手段对企业运营效率产生不利影响，增加企业成本压力。要采取有效措施推进涉农企业改革深化工作，不断优化创新能力，实现技术水平和社会生产率的有效提升，实现涉农企业自身竞争优势的打造，激发涉农企业内在的发展活力。

企业的管理层虽然会出于自身利益因素的考虑，会利用部分资源规避政府的环保管制，代替企业所有人或董事会做出经济利益角度上所认为的最为有效的决策，以此减少企业在环境保护层面的投资规模。而此时企业显然面对股权激励的政策受到政府的监控与监督体现出的环保社会责任更为显著，为避免企业管理层在环境保护投资上资源的占用，要加强企业的管理力度。通过政府的环境管制加大企业自身对环境保护的投资，加大管制监督力度，随时动态监管企业在生产、建设等各个阶段对环境保护的动作、污染物的倾倒处理等，对于违反国家建设标准的操作，简化流程，对擅自违规的行为第一时间发现并处罚。企业环保投资方面对于污染处理措施的擅自拆除破坏等行为从源头上进行监管，对于排放量严重超标的企业严厉惩治，积极投入污染治理的企业给予一定政策优惠和奖励。逐渐改革以经济效益为核心的考核指标，建立新时代绿色环保考核体系，将生态环境维护和资源再生等体系考核纳入整体对政府的考核监督体系，根据不同地区生态环境差异以及企业性质差异，制定不同的奖罚政策，促进当地政府执法部门人员的执法公正性，透明化企业评判标准及考核结果，确保地方经济发展的同时，维护环境保护政策的有效合法实施，为共同创建绿色经营环境而努力。加大生态环境管控力度，对企业的正确保护行为予以鼓励奖励，对企业的环境保护违法行为进行严惩究责。政府通过加强完善外部评价机制，对企业内部执行社会责任的承担起到监督监管的作用，利用舆论对企业承担社会责任的影响，设立专门机构对监管的责任企业进行定期教育、监督、考核，对当地相关违反环境保护条例、随意倾倒污染垃圾等损害行为的企业单位及时进行处罚和公示，必要时联合当地媒体进行披露。相应地，对积极配合履行社会责任的企业予以政策优惠奖励，例如通过手续简化政策或税收扶持政策等优惠便利，从而激发企业对内部社会责任承担和履行的动力。在符合我国市场行情下制定企业效益与社会责任完整考核监督体系，由第三方机构按时按需科学合理给出评测结果，并将评测结果按时纳入社会性国家评测数据库，提升企业主动履行社会责任的积极性。

（二）加强市场竞争监管

我国不同地区的地方政府为了促进当地的经济发展吸引人才、资本，会在规章制度、投资环境等方面制定优惠政策，以获取相应经济资源。对于人才、劳动力和资本而言，依照自身在市场环境下成长发展的偏好，选择不同地区进行发展，享受所在地区政府提供的便利和政策福利，调整自身政策实施和公共资源的补给，因此借助地方政府的这种竞争态势，在环境保护政策下实行部分分权治理，可以让地方政府根据地方区域实际情况，调整制定最优方案，以增加政策实行效率以及吸引更多资本投入，增加环境投入财政比例，引导更多企业等经济要素的注入，提升整体区域的经济发展水平。同时为了改善各地区的公共福利，有效放权分权时也对不同地方政府给予竞争的激励措施，只有让政府的财政收入支出处于平衡状态，才能使当地政府有持续发展动力和政策调整实施积极性。自采取分税制以来，一定程度上会影响地方的财政收入但所带来的分权政策又能激励地方政府的经济效益增长，这是一种典型的市场经济控制手段，地方政府在这种政策下会通过各项政策的优惠和降低门槛吸引外商投资，同时在财权增大的前提下会积极投入环境治理资金，这种地方政府竞争前提下的增加环境管制力度有着积极作用。最有效的方法是优惠的税收政策，以此吸引的企业提供的税收支持当地政府财政收入。地方政府和地方引进企业要在当地实行可持续发展战略方针的前提是地方管制制度的优化和创新，在遵守大方针政策前提下共同创建出良好的政策环境，例如在当地环境保护政策上当地政府给予一定的创新改革和支持，会引导企业自主投资贡献，共同携手绿色建设当地生态经营环境的同时为区域经济增长做出贡献。分权制和分税制的管理政策在国外资本市场率先启用，并为我国提供了可参考借鉴的经验，此时环境管理政策的严格与否直接影响，在发达国家中高收入的区域所实行的环境管理制度的强度一般而言高于低收入地区和国家，而高收入国家的主要经济支柱企业大多为重污染企业，对其造成的环境治理投入资金也相应经济收入加大，多数企业为了减少环境治理投入转向生产端口向低收入地区倾斜，而低收入地区对于资金引入的渴求促使相应管理政策的削弱，这在一定程度上影响高收入地区在环境管制政策效果，在为防止资本向低收入区域不断流入不得不也相应降低政策管制，这就是环境保护的外部性原因会使环境保护规则受地区影响造成效果削弱。部分地方政府认为降低环境管制规则标准可以促进企业资本的流入同时，减少自身治理环境污染的财政支出成本。不同地区间的政府在环境政策的实施标准和程度上也存在差异，一般对于环境保护策略的标准实行不会设立自我保护的标准，而是选择和相邻地区或相同经济发展趋势的地区进行比较，而一个地区的环境治理与自身周边环境的基本条件相关联，如果一味采取对自身招商引资有利的低门槛策略，短时间内会增加一定比例的经济收入，长期来看却影响了区域经济的可持续发展，不得不继续加大环境治理投资反而影响财政收入，进而影响当地经济效益。这说明当地政府会在一定程度上根据自身需求决策去影响当地生存的企业行为，尤其是当地企业的投资发展行为，在投资形式、路径规划上进行干预，这种由地方政府产生的竞争行为对当地企业所执行的环境政策的影响呈非线性发展的效应越发明显，使得这种影响变得因素更多也尤为复杂。需要在坚持环境保护政策前提下进行科学合理竞争，坚持可持续发展道路，以当地环境保护为前提实现区域经济发展。无论是何种行业以及是否为污染型企业，无论是在企业的自身技术水平创新方面、生产产业链升级还是财务指标提升方面，企业环保投资影响因素是多方面的。需要按照不同地域的发展差异进行区分，并鼓励该类型区域以人才、劳动力和资金等因素作为发展和竞争的重点，或通过权重比例方式进行考核，以此实行分区域的指标考核使得地方政府的竞争更符合当地特色和发展需要。激励地方政府以经济和环保双重指标为工作目的出发，达成当地经济和环境保护双重发展的经营理念，走可持续发展的道路。

（三）不断完善所有制结构，深化管理机制改革

科学合理的所有制结构是实现经济有序运行的基本前提之一，而所有制的变动也会引起经济运行体制的整体变动。从分类监管的角度看，不同性质的涉农企业，其分属于不同的领域，并且对于国民经济发展所起到的作用也各不相同。一些涉农企业所处行业中在技术及专业等不同领域都具有不同的特点，并且其产业环境和发展前景也各不相同。因此，政府需要不断完善所有制结构，基于涉农企业所处行业及产业的特点以及企业实际情况，提升市场资源配置效率，塑造涉农企业竞争优势。对于所有制结构的完善，要符合涉农企业改革不断深化的经济发展要求，还要在公有制经济发展的基础上，有序实现非公有制经济发展，刺激国家经济建设新的增长点。对于我国国民经济整体发展而言，公有制经济占据不可撼动的地位，而非公有制经济也具有重要的作用，不断引导民营经济的科学发展，从而实现公有制经济与非公有制经济的协调发展与共同进步，引导民间资本进行更有效率的配置，实现民间资本利用率的提升，有助于营造良好的市场环境，优化国家资源配置，使资源配置和财力投入能够更符合经济战略发展需要，实现国企与民企的共同进步。在一些国有企业退出的领域，要及时通过民营企业发展来进行补充，从而弥补由于国有企业退出造成的各项资源空缺，吸纳就业群体，实现经济结构的持续稳定。加强政府相关配套政策的实施，加快经济体制改革的整体步伐，为政企分开的实现奠定基础，为涉农企业激发潜在发展活力。在所有制结构不断调整优化的基础上，有序引导涉农企业以现代企业制度为基准，实现涉农企业内部各项制度的完善和升级，建立科学的领导及决策体制。当前我国涉农企业法人治理结构已经初步成型，但其内部产权制度还有待完善，优化产权结构。不断优化产权机制，使产权关系能够正常发挥对于涉农企业经营的约束作用，保障法人治理结构的有序运行。促进涉农企业监管措施积极发挥作用。进行监管措施改进和有效引导就要立足于企业实际，从企业治理方式入手，激发涉农企业发展积极性，实现资源配置效率的提升及企业竞争优势的构建。

在政府引导涉农企业成长发展的过程中，强化政府的职能及作

用，还需要不断深化管理机制，优化投融资环境。在管理机制改革不断深化的基础上，保障企业的自主决策权。投融资机制的优化能够保障企业自主投资的权利，并且有效提升投资效率，实现多元化的投资主体模式。政府在这个过程中发挥的是监督管理作用，对涉农企业投资行为进行一定的约束。政府需要引导企业树立风险防范意识，实现资金的有序流动和资源利用效率的提升。发挥政府的监管作用，提升涉农企业经济实力。构建起相对完善的竞争机制，从而为涉农企业的运行提供良好的市场发展氛围，保障市场经济能够对于企业发展提供引导作用，并且使市场上的竞争行为能够有序展开，实现市场的稳定运转。对涉农企业而言，竞争机制的完善能够保障企业以公平、公正的原则参与市场竞争，从而使企业发展活力能够得到充分的激发，优化资源的整体配置，将资源向更加具有投资价值的领域流动，从而实现产业结构整体优化升级的重要目标。要关注市场秩序，对于不规范的市场行为进行管理和约束，并引导社会信用体系的建立和不断完善。为实现市场秩序的有效整顿，从自身流程出发，优化审批环节，以政企分开的原则进行行政性审批的优化。还要从制度建设的角度，不断完善相关行政法规体系，建立规范的市场秩序及规则。市场经济的运行过程中，政府要不断加强执法监管力度，从而发挥其对于涉农企业及市场发展的监管能力，实现规范执法和保障对于涉农企业运行的监管作用。另外，还要不断强化市场的信用机制，打造开放性的平台，发挥信用激励机制的积极作用，使涉农企业在参与市场竞争的过程中能够规范自身行为，共同致力于良好竞争环境的塑造。进入新的经济发展时期，政府要不断强化服务性理念来代替对于经济发展和涉农企业监管的直接干预。其发展目标应当从经济整体的稳定性和市场竞争秩序的维护方面入手。政府经济管理体制改革的不断深化要求政府关注基础设施建设和社会保障体系的升级，在对涉农企业监管过程中，要不断优化行政性审批制度，减少行政性监管模式，不断提升决策科学性，实现竞争机制的优化升级。为提升涉农企业竞争优势，政府要维护市场竞争环境，引导企业进行规范化的经营活动，保障企业能够在公平公正的环境下进行市场竞争。为此，需要不断完善相关规章制度，加快政府职能转变，完善相关法律体系，实现市场竞争环境的规范化和法治化建设，从而应对当前市场垄断、外资企业冲击等要素对于我国经济市场环境的影响，通过管理机制改革加快转变政府职能，为涉农企业成长发展赋能。

（四）分类监管激发涉农企业发展活力

从授权经营机制的本质上看其可以看作一种特殊的委托代理关系。与普通委托代理关系的不同之处在于，授权经营过程中，代理人拥有更多的空间。在授权经营关系中，委托人只对相应控制进行选择，从而能有效减少委托人任务难度和任务量。在授权经营机制中，代理人在选择方面具有更多自由，也能获得更强的激励。授权经营可以从正式授权和非正式授权的角度分析，正式授权中一旦完成授权，即看作授权经营关系的建立。在正式授权关系影响下，委托人不能收回已经完成的授权，自然也不需要在授权之后就有关事宜再谈判，而非正式授权模式下，委托人即使已经完成了授权，也可以通过人事调整等途径将已经授予代理人的权力进行收回。从正式授权和非正式授权的模式差异中可以看出，正式授权更加能够激发代理人工作积极性，但也存在一些机会主义的潜在风险。而非正式授权模式能够有效减少机会主义的发生，保护委托人可能由于授权经营关系遭受的相关损失，但是不利于激发代理人的工作积极性。因此，在对授权经营关系进行确定时，就需要在机会主义和委托人权益保护之间及代理人积极性之间进行有效权衡，根据实际情况选择授权经营的具体类型。

立足于我国经济结构整体框架，涉农企业是我国经济市场的主体，是我国国民经济的支柱。目前，对我国涉农企业实行分类监管能够优化涉农企业运行机制，稳固其市场主体地位激发涉农企业发展活力与潜力。我国涉农企业改革经过长期探索已经取得了一定的成果，实现向公司制股份制的顺利转变。在这样的发展趋势影响下，基于涉农企业自身性质特点，对涉农企业进行直接管理的模式不能适应涉农企业发展实际，也不符合涉农企业组织形式发展变革的趋势。因此，需要改变涉农企业管理思想，建立正确的监管理念，按照公司治理的相关规则，培养管资本的监管模式。涉农企业分类监管主体机构需要明确对国有资产监管的具体职责。通过有效分类监管，使国有资产与企业法人财产权得到一定保障。在分类监管模式下，涉农企业能够发挥自身优势，参与市场竞争，并且作为独立主体，能够自负盈亏和自我约束。在新时代涉农企业要发挥其经济主体地位，就必须通过多个抓手不断激发其内在的发展活力，克服发展过程中可能存在的一些弊端，积极推进涉农企业自主经营、自担风险。为此，就要正确认识分类监管对涉农企业发展的重要作用，尤其是通过分类监管推动涉农企业创新驱动和市场地位稳固的特殊意义。分类监管理念的实施能够有效带动涉农企业建立创新思维，积极实现自我发展，并为国家经济建设和市场活力激发贡献力量。

分类监管能够发挥对涉农企业发展推动力，激发其潜在的发展活力，实现市场主体地位的稳固。在分类监管影响作用下，监督机制得以强化，公司制股份制改革继续深入，从而协调当前涉农企业的权责与制衡机制，并对于打造权责一致、协调推进的格局具有积极作用。落实分类监管的过程，就是优化涉农企业管理，完善法人治理机制的过程。分类监管能够引导涉农企业建立完善科学决策机制，使董事会能够正常行使决策权，并且对企业运行过程中的选人用人等事宜进行合理决策。通过对涉农企业的有效监管，能够优化企业内部薪酬制度，使薪酬福利能够实现更加合理的分配，调动员工工作积极性。总之，分类监管能够为涉农企业作为市场主体保持独立性提供有力保障，在分类监管影响下，涉农企业能够顺利实现市场化程度的不断深入，不仅能够保持市场竞争优势为国家经济建设发展创造动力，还能够积极落实自身体制的改革升级，开展自主经营创新发展。分类监管制度还能够为职业经理人制度的顺利开展铺平道路，优化涉农企业的用人机制，适度引入市场化选聘手段，激发工作积极性。在企业内部管理方面，积极落实内部管理体制的整体优化，提升管理人员工作效率，强化员工的责任意识，并通过有竞争性的薪酬奖惩制度，对企业整体工作效率提升优化起到积极作用。分类监管对涉农企业成长的影响还表现在通过合理优化涉农企业产权结构，激发涉农企业发展活力，这也体现了科斯定理和产权理论的相关内容。在我国不断推进管资本为指导思想的新型监管体制过程中，涉农企业改革的不断深化对产权结构的整体优化提出了新的要求。在科斯定理中，零市场交易成本的基础上产权初始界定不会对资源配置效率产生任何影响。具体对其内在含义进行分析可以发现，在将产权进行重新界定的过程中，可以实现产值的增加。在这时，零市场交易成本使得市场对产权的管控能力不断强化，要想改变产权状态，市场可以不需要任何成本来实现。在这一机制影响下，可以将资源进行重新配置，使其资源利用可以获取价值的最大化增值，将资源投放到增值范围更大的新空间。但在实际操作中，零交易成本几乎不可能实现，因此在交易成本影响下，对产权管控的权力界定分配无法在零成本的条件下完成，并且必然会影响资源配置。这种影响不仅体现在资源配置效率方面，也体现在资源分配方面。科斯认为将价值判断和制度的构建与产权明确相联系，从而实现交易成本的降低，合理保护私人协议收益性。因此，产权清晰对于资源配置效率的有效提升具有特殊意义，而分类监管则可以通过优化涉农企业的产权结构激发涉农企业发展活力，引导企业不断成长。对于涉农企业成长而言，要实现资源配置效率提升的基本目标，就要发挥分类监管的影响作用，使资产在运行过程中实现权责一致，避免资产价值损失。对于涉农企业的监管受到传统管理思想理念的影响，行政干预与涉农企业之间尚未形成清晰的权责界限。权责不清晰进而导致效率低下。当事项推进时，由于缺乏清晰的权责界限，容易导致有关人员互相推诿。另外有时还会出现利益驱动下的越位行为，使涉农企业经营秩序混乱，管理人员和相关工作人员缺乏工作积极性和责任意识。同时这也强调了分类监管措施有效性的重要作用，突出了分类监管对于涉农企业产权结构优化的独特意义。尤其是当前由于管资产向管资本管理方式的转变，国有资产出资人和涉农企业生产经营能够建立明确的界限划分，因此有效避免互相推诿责任导致事项无法落实和整体运行效率落后的现象。国有资产出资人只需保障国有资产价值，而涉农企业则需有序开展生产，从而实现整体效率的提升，尤其是一些潜在的效率提升空间得以充分发掘。分类监管措施的实施使得政企分开的程度不断加深，为政资之间和所有权与经营权之间划分了清晰的界限，从而能够保障涉农企业的正常生产经营秩序，稳固其市场主体地位，激发涉农企业潜在的发展活力。

分类监管能够有序引导涉农企业发展，激发其潜在的发展活力，具体还表现在通过优化效率机制，提升资源配置效率，实现涉农企业运行效率的整体提升优化，这也符合交易成本理论的基本思想。在交易成本理论的观点中，企业运行过程中，对一些制度进行贯彻与安排就会产生一定的费用与收益。因此，对企业实行的相关制度进行判断的标准就在于其对于交易成本的具体作用。如果一项制度的实施能够为企业带来交易成本的优化降低，制度本身则具备合理性。威廉姆森还提出基于交易成本影响因素的考虑，资产的专用特性和频率均会影响交易成本。除客观因素之外，机会主义等主观因素同样对于交易成本具有影响作用。在企业的现时经营环境中，一些人的理性因素影响增加了相关交易活动的复杂性，也产生了更多的交易成本。为此，就需要不断找寻制度优化点，通过推出更加合理的制度，梳理企业内部运行秩序，从而减少主观因素对交易成本造成的影响，实现交易成本的整体优化降低。对于涉农企业进行监管的过程中，一些监管机构人员由政府推选和任命，这些人员虽然具有相应的专业理论基础，但对于企业实际运营却缺少足够的经验，并且还缺乏关于涉农企业经营活动的系统性认识，因此在有限理性方面存在一些不足。在这样的前提下，对涉农企业进行监管和干预，有时会难以保证企业经营目标的发展方向与企业实际需求的紧密结合，并且还可能造成交易成本的增加，影响企业整体的运行效率。作为出资人代表国有资产监管机构并不获得完全投资运营价值的增值或者风险部分，其与涉农企业实际运行成本并没有建立高度关联。但在目前一些考核指标方面，会将企业价值增值单独进行强调，这就容易导致监管机构仅关注一些投资项目预期中的价值增值的具体表现，一定程度上对风险和成本的关注不足，不利于企业风险管控，也会使得交易成本压力增加。另外，分类监管对涉农企业的影响作用还体现在股权多元化方面，使得其他资本股东进入涉农企业董事会机构，形成合理的制衡机制，使得监管机构对涉农企业相关决策的控制作用更加科学，对机会主义投资选择进行一定程度的抑制，从而为企业正确决策保驾护航，使涉农企业生产经营过程中各项决策能够与企业发展战略相吻合，与市场需求相适应，激发企业内在发展活力，有助于实现涉农企业的长远发展。

六 完善涉农企业管理层激励体系

（一）确立符合涉农企业情况和发展期望的合理激励举措

为提升员工的工作积极性，发挥每个员工在工作范畴内的能力上限以及对公司最大能力的贡献价值，涉农企业应积极实施相关激励政策，而激励理论中需要明确各层级员工的需求，以不同的需求设定不同的奖励策略，在设置整体奖励策略时，从人性角度出发，考究最基本的心理需求层次、多因素影响、期望价值理论以及公平公正理论等。首先通过马斯洛的需求层次理论来探究，需求层次理论是心理学中的人类需求层级金字塔模型，即人们都具有一定的心理及物质需求，人们需要某些动力去实现自身需求，这个动力在涉农企业中即可以激励政策来实现。而从美国著名心理学家弗雷德里克·赫茨伯格的双因素理论，也叫激励—保健理论认为在涉农企业中影响员工绩效的有两个因素，满意因素和不满意因素，针对满意因素做提升政策，可以提高员工的满意度起到激励作用，而针对不满意因素，包括涉农企业提供的工作环境以及工作关系，改善这些因素不一定会起到有效的激励作用，但能消除涉农企业中员工的消极不满情绪。期望价值理论则认为员工接到工作任务后自我进行工作达成可能性的评估，并在了解自身工作能力前提下自我匹配工作难度，以及是否值得去做，通常易于完成且价值高的工作对于执行人来讲动力会更强。涉农企业中的员工会被直接的收入影响工作的满意度和动力，在收入方面会产生比较，设置激励策略时应考虑到这一影响因素调整好收入薪酬比例及计算方式有利于消除员工的不对等心态，引导激励实施的方向。

设立符合管理层的激励政策一定是多重激励模式结合的结果。常规的激励机制设立从奖励效益上细分为针对长期效益而设立的和短期效益而设立的，从方式方法上常见的有股权奖励、名誉奖励、薪酬奖励、权力奖励等。先说短期效益，如果过多投入奖励政策遵从短期效益，则可能造成涉农企业管理层的盈余管理，而长期效益的动力不足，所以从长短期效益上来看，采用设计长短期结合的方式，既能减少涉农企业管理当局盈余管理，又能具有一定的吸引力。涉农企业中最常用的薪酬奖励机制对于管理层中非固定薪酬的管理干部来说，会有一部分设计为与业绩指标等相关联，仅从业绩影响因素来看，对于管理人员的激励作用会出现一种阶梯化效应，即涉农企业的总体业绩若处于盈利上升期，那管理层的薪酬敏感度会呈现出边际递减现象，反之涉农企业若出现业绩亏损，管理层的薪酬敏感度会出现边际递增现象。对于业绩稳定增长的涉农企业而言，同一幅度的业绩增长和奖励给被奖励人员带来的效应会递减，但在薪酬奖励设计中需注意不同涉农企业的阶梯式效应也是有区别的，大型垄断性涉农企业几乎不存在这种效应，而科技创新型发展涉农企业此效应展现最大。大型涉农企业中的股权奖励也作为涉农企业管理层激励政策当中较为常用的一种模式，以公司的股票持有额作为绩效奖励。然而同薪酬奖励对比，股权奖励的收益价值更大，时间更长，可作为一种长期奖励的辅助方式。而名誉奖励在涉农企业中对管理层以下的员工层级中更为常见，管理层中的独立董事影响效应最大，可促进其在外界的声誉并以此获得不可计量的额外收入。领导权奖励政策则是给涉农企业管理人员赋予更多职能上的掌控权，但容易造成权利范围的交叉和管理层的过度放权，从而一定情况下影响公司的整体管理运营。

因为确定涉农企业管理层激励措施采用股权奖励会对公司的运营效率和收益有明显效果，而根据不同涉农企业构成性质，涉农企业的总体股权激励分配政策会根据涉农企业的性质差异化而有所改变，这也促使涉农企业所有者在设计针对管理当局的股权奖励政策时应将股权结构具体化，即确立股权奖励政策首先需优化自身涉农企业股权结构作为实行基础。因为股票的行权条件十分重要且对被奖励人存在一定的约束力，在设定时可以从使用周期和具体达成条件出发，征求被奖励人的意见来确定。针对涉农企业管理层的股权奖励最主要的目的是让管理人员对公司产生归属感，提升管理层的工作积极性和同公司同载体共命运的感情，在设计奖励策略时平衡各利益相关者之间的利益关系，避免冲突损害公司利益。因此行使股票权利的条件的合理性和约束性就显得尤为重要，涉农企业所有者关注涉农企业经营状态及长期稳定评估性的同时，为激励政策的设立和实施打好基础。在达成一定的奖励程度后可以适当地引用外部治理机制平衡内部管理机制，并规定好权利范围和发言权，降低内部高管因奖励政策带来的股权影响力的同时保证激励政策的效果。同时涉农企业应尽快配套建立完善的股票期权的绩效评估系统，在设立好期权条件的基础上加强限制条件下的监督，约束持股人的日常管理制度，建立公司内部评价体系，以此约束和制约持股高管，采用财务指标和利润指标作为考核指标，同时要考虑涉农企业的可持续发展涉及的相关因素，增加涉农企业内部多方的协调和控制形成公司内部共同治理结构，从而完整完善涉农企业的股权框架结构，根据股权策略的内外部影响因素进行具体的奖励政策方案设计。

在股权架构的合理搭建和设计下，应根据股权奖励的水平可持续设计实行期限，短期可作为参考对照对数据进行采集评估，给方案留有更新改革空间，克服管理者短期套利的投机行为，有助于涉农企业管理层人才的稳定性。科学地根据资深涉农企业的经营形式创立是以技术创新为特定战略目标还是以生产经营利润为执行激励目标做出区分，有利于涉农企业提升市场竞争力。涉农企业设计股权激励结构之前应充分考虑到自身经营状况，在市场经济环境较好状况下，自身涉农企业经营环境良好且稳定为前提在涉农企业管理层设立股权奖励机制有助于涉农企业效益大幅提升，但针对短时间刚上市的涉农企业来说，在发展初期不建议急于在管理层实行股权奖励政策，可以采用薪酬奖励政策等其他激励形式，在公司平稳度过动荡期进入生长期时考虑设计股权奖励结构是风险性较低的一种策略。在设计并确认实行之前需评估长期激励的股权投入成本和涉农企业的经营收益。在股权激励中股权的选择模式也要参考被奖励人的风险喜好，例如限制性股票的风险会高于股票期权，但收益性可能成反比，在股权类型选择上要考虑涉农企业所有人的利益，但也要在保证激励效果的情况下，征求被奖励管理层人员的意见和建议，共同参与公司股权奖励措施的改革中。股权激励政策的设定要考虑股权的平衡分配和相互制衡关系，保证涉农企业所有人和管理人员双方的利益，创造增值的盈利模式。

（二）股权激励方案的设定和调整

股权激励是现在涉农企业中比较常见也常用的一种激励形式，涉农企业中员工以在规定考核时效内，实现工作目标为测评基准，将涉农企业的部分股权作为绩效奖励给完成工作指标的被考核者，使得涉农企业中获得股权奖励的员工能凭持有股权份额的大小一定程度参与公司内部的管理和决策，制订进一步的涉农企业运营治理架构和员工成长培育计划，在员工获得个人利益的同时能在涉农企业提供的平台取得个人的成就和进步，以此作为隐形动力继续推动涉农企业的实际效益增长。股权奖励的形式更多用于涉农企业的管理层，结合薪酬奖励体系，管理人员往往对涉农企业的运营治理付出的精力要多于涉农企业拥有者和普通级别员工，但是涉农企业的效益和收益和个人利益缺少责任纽带。涉农企业的成本管控、利润管控、运营效率都会出现下降趋势，为避免这种现象产生，涉农企业在管理层的奖励政策中一定要结合薪酬奖励，鼓励在合适的情况下引入股权奖励政策，并设计一定的分配比例，达成激励的举措。在奖励的限制性条件中明确目标的唯一性，让管理层员工目标责任更清晰，共同提升涉农企业效益，承担涉农企业的社会责任，有利于公司的横纵向扩展及提高生产效率，把握时机抢占更多的市场份额。利用股权激励措施，增加员工对公司的忠诚度和责任感，并为涉农企业的长远发展形成了有力的人力战略部署。尤其是公司的管理层员工，主要负责涉农企业的战略部署、组织结构梳理、内部制度建设以及日常涉农企业的管理维护治理，策略的实施状况直接影响着效益的产生，从长远发展考虑，基于薪酬奖励体系的基础增加股权奖励更有利于涉农企业的发展。受到涉农企业收益率带来的影响，随着自身工作完成得优劣从而得到相应的奖惩，提升涉农企业管理层的责任心、工作主动性和技术创新能力，促进涉农企业战略管理目标的实现。

在股权奖励设置时还需考虑一点，对于大型涉农企业的资产规模要有充分的认识，因为往往涉农企业的经营能力主要表现在涉农企业对所投入资金的利用率上，所以在采取股权激励机制作为主要激励机制设立方案时，要考察好存货周转率、应收账款资金周转率以及净资产回转率等主要的一些财务指标。涉农企业作为生产经营单位，其主要的经营目的是为了获利，需要考量在一个生产周期内涉农企业的利润数量、利润质量以及运营成本，以此来制定符合涉农企业自身经营情况的盈利指标（利润、净收益率、成本费用收益率等）。另外股权奖励的实施的周期也对效果的最大化呈现有一定影响，短期内股权奖励政策的实施可以使涉农企业的盈利能力有所提升，增加涉农企业整体价值和员工的积极性，而且是趋于稳定增长趋势。通过涉农企业的净资产收益率指标的高低，可以直观得出涉农企业通过投资所获利润的高低，通常利用涉农企业的总资产和一般股东所得效益相比，也就是涉农企业的税后回报率减掉涉农企业的净资产所得，以此反映涉农企业自有的资金实际效益状况。制定短期股权奖励政策后重点考察这一比率可以得出股权奖励在提升涉农企业净资产收益率方面和涉农企业盈利能力上是否有较为明显的推动作用。除此之外，还有其他财务指标也可以衡量涉农企业财务状况，涉农企业拥有良好的资本基础能反映出该涉农企业盈利后的价值信息。涉农企业的利润质量可参考销售净利率数据，公司的营运成本与产品本身及提供劳动力所获净收入之间进行相比，设立并完善涉农企业管理层的激励体系，从而使涉农企业中的管理层考核制度发挥有效激励作用，建议涉农企业管理层激励体系中需加大股权奖励，使管理层与涉农企业的长期经营形成命运共同体，促进激励政策最大化发挥效应。

（三）促进股权奖励对涉农企业绩效的正向影响

实行股权奖励的政策还能直观地影响涉农企业绩效考核总水平，最显著的考核指标是财务指标涉农企业生产盈利能力、涉农企业债务偿还能力以及整体长效可持续发展能力等，这些指标能反馈涉农企业整体绩效的总和及变化，并得出客观可靠的绩效数据发展水平。尤其在财务指标绩效考核的基础上，补充非财务角度的考核指标能对涉农企业整体绩效的发展水平进行完整评估。观察涉农企业绩效的整体变化水平掌握股权激励政策对涉农企业整体绩效的影响状况，股权的激励效果可以给涉农企业的整体绩效产生积极的影响，同时股权奖励策略作为一种调节涉农企业所有人与涉农企业管理层高管目标差异的工具，为涉农企业的战略目标实现创造环境，不仅要观察涉农企业的短期收益状况，还要综合评估涉农企业获利和发展的潜力。按照涉农企业的发展规模、人力资源分配、未来战略部署等多角度去衡量，最大化利用其积极影响力，将涉农企业利益和管理层的个人利益作为综合考量因素，用股权奖励策略对涉农企业管理层进行绩效考核奖励，务必考虑其他因素对考核结果产生的影响，以此作为评估和调整的依据，最大化激发股权激励策略对公司整体绩效的影响。股权激励政策也会影响涉农企业的长短期偿债能力，同时，如果现金持有比例过高也说明涉农企业的流动资金并没有被合理利用，涉农企业中的固定资产尤其是现金类固定资产的变现能力不足，也会加大涉农企业的生产成本，降低涉农企业的经营利润，同时涉农企业的现金持有比例一定要把握在合理范围内，降低涉农企业的资产负债率，以此来保证涉农企业债权人的利益，虽然通过扩大涉农企业的负债规模也可以带来财务杠杆效应，但较高的负债率会增加涉农企业长远发展的不确定性，防止股权激励政策实施带来资产负债率的提升，避免涉农企业扩大规模后续融资困难影响涉农企业整体发展速度以及应对流动性风险的能力。在股权激励政策设定时要避免公司为弥补股权激励的效益而盲目扩张发展导致的负债严重现象，增加涉农企业的财务风险，通过股权激励公司盈利水平增加。

股权激励对涉农企业整体的成长能力起到重要的影响，涉农企业的成长能力会随着经济环境的变化而出现波动，它综合了涉农企业的资产规模、盈利能力、发展潜力等，在设计股权激励政策时，需通过涉农企业的现有状况从多方面预测未来涉农企业的经营能力和发展潜力，考核涉农企业整体业务增长、净收入增长、净利润增长、净资产增长等，平衡经营收益和经营风险，在发展稳定期维持一定的市场份额，增强业务多元化扩张和市场占有率增长。而涉农企业的当期盈利较本期盈利的平均增幅量是考核涉农企业成长能力的另一个指标，也是确定涉农企业所处经营阶段的指标，通过股权激励措施，可以提升涉农企业的净利润增长，也就说明股权激励可以促进涉农企业的高质量发展。利用股权激励政策对涉农企业在市场中的占有率提升有重要影响，市场份额占有率是衡量涉农企业的市场价值和地位的一个重要指标，它代表了涉农企业在同行业领域中的市场竞争力，以及涉农企业的产品及服务是否被市场接纳和认可。而涉农企业实行股权奖励的政策可以利用管理层奖励的共同体效应，提升整体涉农企业在市场上的竞争力和自身的服务价值，促进涉农企业战略目标的实现。

（四）完善激励政策的监督机制

在实操过程中，更多的情况是，涉农企业的所有者和管理层的员工之间存在着一定程度上的信息不对称现象，为更好地实行管理层的监督管理机制，助力涉农企业管理层的奖励政策完善。此时股权奖励政策不单作为单一政策方案提出并执行，根据市场环境和涉农企业经营实际数据进行及时更新调整和补充，将绩效薪酬和指标评估的实际情况透明化，减少个人利用股权激励政策谋取利益的风险，给涉农企业管理人员设立合理的考核机制，不仅考核其利益的创造，收益的增长，而是综合个人能力和对涉农企业发展的影响评估，提升其专业领域技能，形成有效的激励考核机制。强化监督控制行为，积极参与到公司管理和长期有效发展的战略制定中，并规范和监督管理层的管理行为，让过程参与者及目标制定者及时发现问题及问题背后的原因并及时调整经营策略。涉农企业为更健全整个管理层乃至全公司的奖励机制监督体系可以引入更为简单但全面的业绩考核体系，例如在正常进行的股权奖励计划中，不断完善被考核者个人综合业绩考核体系，不仅要关注在涉农企业中的基础盈利能力提升，还要更全面地关注公司以往的经营状况以及未来的发展的方向。因为股权奖励本身的目的是调动涉农企业管理者和重要经营人员的工作积极性，并为公司长远发展、提升公司整体社会价值、市场价值为最终目的。因此为被奖励人员设计的整体绩效考核条件中应更全面地加入更多的财务能力考核数据，例如债务偿还能力、管理运营能力等，以及个人业务发展能力、员工认知提升、素质和忠诚度、技术创新能力等非财务指标考核。在数据统计时通过定量和定性考核指标，对奖励对象的整体履行状况进行综合评估，以此客观评估受到股权激励的管理人员是否在推动公司发展上有实质上的贡献，这样才能保证采取股权激励政策对公司整体考核机制的全面性和有效性，对涉农企业实行的管理层股权激励政策的实施起到推动作用，使得涉农企业实行的激励措施存在并发挥长期的效应。涉农企业中的激励政策旨在充分地调动公司员工工作积极性，而涉农企业公司管理层的激励则是为调动公司所有者赋予的公司管理者对公司运营管理的积极性，并尽可能解决实际运营中的问题。

无论中小涉农企业还是上市公司依靠社会大环境创办并在其中运营，应主动承担起相应的社会责任，面对涉农企业建设、运营所造成的水土资源的占用和流失、涉农企业必要的生产造成的油污、废水、废屑等、资源的污染浪费、涉农企业生产中，物料物资的堆放、占用、扬尘、器械尾气排放造成的涉农企业周边环境空气污染以及生产施工过程中对周围环境造成的噪声污染等，要有明确的提前规避规划，以及事后的补救措施，进行涉农企业层级的环境治理投资，用于固、液体的分门归放、处理及再利用，对排污系统的设计规划，依靠创新科技提升环境污染处理能力及生产施工水平，充分考虑涉农企业及周边环境的可融合度，减少噪声的污染扩散等，以此为基础进行涉农企业管理层的认知提升，在涉农企业管理层明确环境保护对社会责任重要性和整体认知的提升为前提下，配合制定并实行涉农企业对应的奖励绩效政策，确保政策的实行顺畅及效果的达成。涉农企业受外部政策、相关制度规范以及环境保护的社会责任的影响，除了薪酬和股权奖励以外，对于政策的实施还取决于高管团队每位成员的个人综合素质影响，例如年龄、教育程度、薪酬比例、股权占有比、任期长短、个人心理素质等因素。以鼓励涉农企业管理层对环保投资行为和承担社会责任的理解，以此来消除差异化、消极心理的同时增加涉农企业高管团队的内部凝聚力和整体团队协作能力。在涉农企业管理层奖励政策中可以相应设计管理人员主动承担社会责任行为的具体激励方案，给涉农企业内部创造良好建设发展氛围，提升员工整体素质和责任认知度。实现涉农企业的内部价值和外部市场价值的共同提升，增加涉农企业投资者的投资信息，对涉农企业融资和经营环境起到积极影响作用，提升涉农企业价值和品牌资源效用。

（五）股权激励提高涉农企业技术创新效率

在股份制涉农企业中，为激励公司中管理层员工工作积极性，采取股权激励措施，进而也增加涉农企业在创新层面的投资。随着股权激励政策在涉农企业管理层中的具体实施，公司管理层人员面对公司经营风险的承担能力也相应提升，进而在公司创新研发层面的投资决策起到正向支持作用，加大涉农企业的基础创新投资力度，促进涉农企业的经营生产创新活动。股权激励计划中除了对涉农企业管理层人员有较好的激励作用，同时面对涉农企业的技术研发人员也有相对较好的鼓励作用，结合管理层对投资和决策的影响共同促进提升涉农企业的整体创新能力。通过多项数据研究分析也能发现类似于股权激励的针对管理层的激励政策也能提高涉农企业的创新绩效，此处与国有涉农企业和民营涉农企业的影响稍显不同，无论民营涉农企业还是上市公司均因内部实行的股权奖励方案，而对涉农企业创新研发投入产生影响。而在涉农企业给予管理人员放权过程中，如果力度设置不合理或者放权比重过高时，管理人员会利用下放的权力提升自身利益为前提实行管理决策和动作，从而引发低效薪酬现象，在股权奖励的设立能否有效影响涉农企业的技术创新研发时还应考虑涉农企业闲置资产的影响因素，以及管理层人员短视行为造成的研发资金投入减少，不利于涉农企业创新活动的开展。股权激励对涉农企业技术创新研发投入具有积极性影响，特别是在高新技术型涉农企业中，股权奖励政策的设定强度和涉农企业创新行动的投入力度之间存在的必要关系但并非单一线性模型，从经济视角中观察可以得出明确的关系模型结论是呈倒"U"形关系。以上研究更多地是针对股权奖励政策在影响涉农企业管理层决策前提下而对涉农企业创新研发投入的影响，也有较多研究对象是针对股权奖励政策下涉农企业核心技术人员对涉农企业创新投入的影响，给予公司核心技术人员更高的奖励包含股权奖励时，会促进技术高比例转化效果，为涉农企业产生更多专利产品和技术手段提供帮助和动力，甚至在涉农企业中越高比例和强度地实行股权激励政策，而奖励对象的非管理人员越多、持股占比越高时，涉农企业创新产出业绩越高。仅有国内少部分学者认为股权奖励中针对核心技术人员对涉农企业创新影响效果不明显，甚至不存在关联性，该研究结果的造成可能源于涉农企业类型及状况的不同以及本身的股权奖励政策设计问题，没有观察到激励效果同创新绩效的关联。股权奖励政策下对涉农企业创新结果的影响是因为员工是否持股或者受到股权奖励，并不限于管理人员还是非管理人员，但不能盲目扩大持股员工人数，否则会削弱激励效果反而不利于公司各方面的发展，特别是涉农企业的创新研发投入发展。

由于涉农企业在创新板块的活动上客观存在着投入大产出小、风险性大、不确定性强等原因，但在结合涉农企业为发展设计的特有奖励机制下，可以有效改善这一现象，尽管各涉农企业的规模不同、所处地区不同或操作人不同，但在最终关联数据上实施股权激励政策是可以在不同上市涉农企业中对创新领域的发展得到相同促进效果。股权激励政策对涉农企业创新效率的影响在非国有制涉农企业中的影响效果较为明显，国有涉农企业因控股主体、治理特点等因素不同效果稍弱，可在股权激励政策中进行改良，优先考虑核心技术人员的奖励权益，不同于非国有制涉农企业对管理层及非管理层的奖励权益比重。而针对不同股权奖励方式，采用限制性股权奖励的方式对涉农企业影响创新绩效的人员进行奖励，会因为相关限制被奖励员工为达成自身利益的最大值，在短期的奖励增效下对涉农企业技术创新活动做出更为积极的响应，极大提升涉农企业创新板块工作的积极性，更好地提升涉农企业的创新能力，而与之相对的股票期权的奖励模式则因为设计条件过低，导致相对应的激励效果减弱。同时研究发现，上市涉农企业的资产规模越大，采用股权奖励的效果越明显，自身经济基础较好或投资环境更理想的情况下，更能有效支撑涉农企业创新投入比例，自然取得较好的技术创新成果。同样涉农企业处在发展较为优先、经济效益更好的地区，其创新能力也能得到最大限度上的提升。股权奖励措施自身作为涉农企业提高最终收入，通过奖励公司的股权、股份或股权的收益以提升公司管理层人员、技术核心成员及其他参与公司重大决策、承担风险、共享收益的人员工作能力和积极性的一种手段，优化被奖励人员的权利义务结构，增加参与人员的所有权、收益权、控制权和管理权权限，减小公司的代理成本，促进涉农企业长期稳定发展的一种策略，即使成果效率可能受多方影响因素影响，加快涉农企业技术创新板块的提升效率。股权奖励政策所谓最终提升效率的一种重要手段，根据不同涉农企业类型及自身情况需设置符合自身发展需求和目的达成的策划实施方案，同时作为一种非短期的激励政策，要关注涉农企业内部的结构变化、治理环境、管理制度以及外部市场行情、政府政策的变化，积极调整符合涉农企业实际条件和当下环境政策的最新实施方案。在最初的股权奖励方式中考虑到行权条件等影响因素，可更多考虑限制性股票奖励的方式，激励对象除管理人员、已持股高管外加大核心技术人员或对涉农企业创新投入有直接关联的关键性人员，增加技术创新核心人员的奖励分配比重，为创新活动效益最大化奠定基础。国有制涉农企业可效仿非国有性质涉农企业的股权奖励政策，稍作对象、过程、强度、参考因素、权益比重上的调整，也能达到较好的预期效果。在设置股权奖励政策的时候要考虑到采用限制性股票方式进行奖励时，由于我国资本市场的特殊情况，股价下浮时会导致设立的奖励值降低，为了不影响整体的激励效果，可结合其他奖励方式与股权奖励政策进行互补，以弥补特殊情况下造成的奖励力度减弱而影响最终激励效果。要根据地方涉农企业创新发展需求，提供积极的政策支持和引导，配合涉农企业内部实行长期有效的激励政策提供人员储备需求、资金投放需求等，开放一定的行政管理空间，赋予涉农企业更多的自主经营权，为地方涉农企业提供更好的政治服务，鼓励涉农企业在创新领域投资中积极贡献，共同打造当地的良好经济发展环境，为吸引更多资本的投入和为当地的技术创新型涉农企业建设营造良好氛围。

在外部的市场监管体系下，根据市场进程的发展完善相关政策和制度，在国内资本市场现状下公平稳定股价的市场波动，外部市场监管部门在外部制度政策下一定程度上杜绝部分涉农企业管理层的短期利益。同时市场监管部门加强对上市涉农企业的股权奖励计划的审核，增加涉农企业信息披露的透明度，防止股票价格人为操作的可能性和涉农企业重大资产调整关键时间节点对涉农企业普通股东利益造成的损失。在我国资本市场并没有完全有效运转前提下，不断完善相关政策的规范性，增加信息披露的透明度，以此避免因涉农企业的经营信息和股票价格出现较大偏差，只有外部制度环境有秩序有规范，更公平公允才能给涉农企业实行股权激励政策提供有效平台，给实行股权奖励的涉农企业带来增益影响。同时股票市场、外部环境的制度规范也能带来信息传递效率的提升，同时政府应增加涉农企业对于社会责任的履行信息的披露，有助于规范制度的建立，涉农企业同样利用公平合理的披露信息真实反映自身涉农企业经营状况以及承担社会责任的形象，增强涉农企业竞争力。通过社会责任评价机制的引入，考核除业绩一类的财务指标以外的考核因素综合衡量人员能力。可以通过在整体激励体系中增加有关社会责任的述职报告、环保创新技术产品研发创新产品评定等指标，量化涉农企业管理人员的社会责任承担能力，既可以培养管理人员的社会责任又能避免涉农企业由于承担社会责任而导致的短期成本上升影响长期效益，提升涉农企业培养员工的认同感和归属感，促进激励机制发挥效应。

七 深化涉农企业科技创新机制

深化涉农企业科技创新机制需要从营造良好的技术创新环境、落实涉农企业管理创新，推动技术创新发展、构建多元化的技术创新支持体系等方面入手。

（一）营造良好的技术创新环境

实现涉农企业股权结构优化及企业竞争优势打造，正视当前涉农企业对于技术创新方面的不足之处，通过提升涉农企业自主创新能力，营造创新优势，实现整个国家自主创新能力的有效提升。积极借助国家创新体系的作用，对涉农企业发展进行积极引导，帮助企业塑造良好的创新环境。涉农企业也应当树立技术创新的发展观念，积极参与市场竞争，实现自身技术创新能力的不断提升。政府为助力企业发展，通过技术创新环境优化对企业技术创新优势建立提供保障，实现创新资源的优化配置。对于我国涉农企业而言，实现国家创新体系的优化和企业科技管理体制的改革就需要在政府主导下，通过资源的整合，优化组织架构体系，推动各项科技资源的整合，确保企业进行技术创新过程中发挥主体地位，结合市场导向加速科技成果转化。使产学研合作能够真正发挥推动企业科技创新的重要作用，为企业技术创新能力提升打造良好氛围。从政策支持的角度加强对企业技术创新的引导，促进涉农企业建立技术优势，在市场竞争中维持稳定运营。通过对部分重点产业领域的扶持将科技政策和产业政策相结合，加快技术要素的流动。加大对高新技术企业相关税收优惠等措施，可以通过专项补助资金的确立对开展技术创新的涉农企业提供相关支持，减少企业在进行技术创新过程中可能面临的成本压力，增强涉农企业的持续创新能力。由于技术创新需要较大规模的资金基础支持，政府除自身对于涉农企业开展技术创新提供优惠政策之外，还要不断引导涉农企业并提升对科技研发方面的资金等资源投入。不断完善金融政策支持，可以通过创业板资本市场的建设，引导涉农企业技术创新金融支持等。还可以联合政策性银行实现对于企业自主创新的融资支持，减少涉农企业在深化改革、建立技术竞争优势过程中由于资金资源压力造成的困难。对外部技术引进行为进行合理监管，避免出现重复引进等行为，并且对于引进技术的消化和吸收建立持续性的监控体系，加强政府支持资源利用率的提升，有效引导涉农企业对引进技术再创新活动，激发自有技术创新优势。实现对国企自主创新的驱动发展整体体系建设，从不同部门的角度出发，明确相应的职责，推动发展体系的不断完善。为企业发展赋能，并根据不同行业领域对创新发展经验进行总结归纳，通过调研总结的方式为涉农企业技术创新提供理论支持。还要从国家发展战略的角度，寻求涉农企业发展与一带一路等国际化发展战略的结合点，从而为涉农企业技术创新引入先进技术及人才，实现涉农企业管理体制的优化及竞争优势的打造。明确政府财政部门对于企业自主创新的资金支持责任，保障资金支持力度，高度重视涉农企业的创新发展，鼓励涉农企业进行科技创新和竞争优势的培育。通过财政拨款等形式直接为企业发展提供资金支持，还可以通过税收补贴、收购支持的角度，建立关于涉农企业技术创新优势打造相关扶持体系。可以从金融政策方面对法定存款准备金率和再贴现率进行有效调整，从而发挥金融政策对金融机构运营的影响作用，还可以通过贷款审批政策的改进对涉农企业技术创新提供支持。

（二）落实涉农企业管理创新，推动技术创新发展

要实现涉农企业技术能力的优化，还需要从涉农企业自身不断落实管理创新的质量，推动技术创新的发展。对于涉农企业的监管引导过程中，必须明确企业作为创新主体的重要作用，积极引导企业加大创新投入和科技成果转化。尤其是发挥涉农企业对于行业发展的带头作用，要率先实现发展思路及理念的转变，通过内外合作机制的构建，推动技术创新活动的整体进步。为此，需要加强企业内部创新文化建设，加强技术创新必要性的基本认识，引导企业建立创新思想理念，为技术创新的实现营造良好氛围。通过企业创新文化的熏陶，实现员工整体创新理念的转变，激发团队活力。涉农企业技术创新是一项长期的过程，为此，涉农企业以企业技术研发中心的形式，保障技术开发有序运行，推动技术创新优势建立。通过优化技术研发中心的基建及人才供给，为技术研发中心的顺利运行提供动力。涉农企业可以基于自身优势，根据不同类型国企的领域行业特点，实现人才培育及引进体系建设，并通过合理激励机制实现人才吸收。涉农企业要从国家发展战略的角度对技术创新树立正确认识，并且基于自身发展的实际进行相应技术创新战略的选择。针对当前我国涉农企业技术创新水平与国外的差距，积极探索国外先进技术的引入，并且将所引入的技术进行再创新，提升自身核心竞争力。要不断强化内部管理质量，实现思想转变，从管理创新、制度创新的角度优化组织结构，从管理创新质量优化的角度带动技术创新实现，加强制度的规范化、科学化构建，为技术创新的顺利展开奠定基础。另外管理创新有助于企业管理体制的不断优化，为技术创新创造良好的条件，从而加速技术创新的完成。因此，企业需要积极落实管理创新，推动创新技术的发展，构建企业自身竞争力优势。落实涉农企业管理创新，不断优化技术科研人员的培训机制，实现科研人员自我发展与企业科技创新能力提升。涉农企业应当积极借助政策优势，实现技术资金的积累，用于科研创新项目的有序展开。开辟多元化的融资渠道，使企业的技术创新

更能够适应资本市场运作发展，扩充企业研发投入，为企业技术创新提供保障作用。提升科研经费与销售收入的比重平衡度，实现企业的跨越式发展。涉农企业要不断提升技术研发管理质量，加强技术创新，培养企业核心竞争优势。对于不同类型涉农企业，要基于其所处行业和领域的发展现实，开展基础性、应用性技术创新研究，打造针对性的技术研发模式，以应对国内国际市场对于涉农企业发展提出的新要求，实现产品技术创新研发及市场需求的统一。从而发挥对产业发展的带动作用，突破产业发展"瓶颈"，为涉农企业发展和国家经济整体进步赋能。

（三）构建多元化的技术创新支持体系

纵观我国经济发展结构整体进度，农业、农村、农民问题依然是未来一段时间国家经济建设需要解决的关键问题，是农业供给侧改革工作的重点。不断优化农业发展投资结构，提升资源利用效率，为农民扩充增收渠道，提高农民群体收入和生活水平，缩小城乡收入差距。并且要不断探索多元化、一体化经营战略，加快农工一体化建设进程，为企业发展赋能。要平衡农业发展各经营主体的利益与政策，发挥杠杆作用，加快农业产业间沟通协调，减少不同区域与城乡之间的矛盾与不均衡现象。对于涉农企业创新驱动发展支持体系的构建可以通过多元化的技术支持要素来实现，其中，政策环境、市场环境、产学研环境都是影响涉农企业创新驱动发展支持体系完善度的重要因素。通过财政补贴和税收优惠政策，对于创新方面绩效表现较优的涉农企业，通过资金奖励的方式鼓励其创新活动的发展，缓解资金压力，加大资金资源向创新改革等领域进行投放，实现创新效率的优化。政府对于涉农企业的支持不仅体现在资金政策方面，还体现在对于监管评价机制的构建方面。通过合理评价机制的构建，发挥政府监管手段对涉农企业开展技术创新活动积极性的激励作用。通过构建合理的市场回馈机制对涉农企业的技术创新相关行为进行有效引导，保障涉农企业与其他所有制企业在市场上开展公平公正的竞争，并通过内部创新发展结构的完善，促进涉农企业加快科技成果的转化，实现自身竞争优势的塑造。通过产学研程度的不断深化，为涉农企业进行技术创新提供丰富的理论基础和知识经验的支撑。从法律层面促进涉农企业技术创新行为对于各项技术创新成果提供法律层面的保障，促进涉农企业进行技术创新的积极性，提升涉农企业市场竞争力。通过有效监管措施，及时对涉农企业的创新行为进行引导和纠正，并通过合理的考核机制，对相应创新成果进行评定。政策环境的优化，要求政府和涉农企业之间应当对于行政干预和涉农企业自主经营权的保障建立起均衡机制，结合不同类型涉农企业创新的实际情况，从而保证涉农企业监管质量的同时最大限度发挥涉农企业自主创新的能力。不断推进市场机制改革，优化市场竞争环境，优化市场信息沟通渠道，及时把握市场发展动态，为涉农企业指明技术创新的方向，以市场为导向，实现自身创新优势的构建。优化涉农企业关于自身管理模式、理念以及薪酬机制改革的正确认识，提升自身的竞争实力，更加适应现代化国际化市场发展环境的要求。

人们最早从马克思主义思想中便意识到技术变更和经济增长之间存在着必然的联系，当时的技术变革定义及范围并不像现在这样明确，但技术与技术创新一样归属于生产力，对经济发展起到重要的推动作用。尤其在大型工业型企业当中，投入产出的要素和决定转换效率的关键就是企业的技术创新效率，以此不断推进着社会主义的经济变革和产业升级。在国际市场经济角逐的当下，科技创新是第一生产力是不可否认的理念。在供应需求或生产需求的变化中，技术创新这一要素不可或缺地决定了生产体系中的各种变化，在企业中的最终目的是提高生产力和生产效益，获得高额经济收入和利润。在工业型企业中普遍认为技术创新包括生产制造品的创新即研发新产品、其次研发新的生产工艺、拓展大范围市场、生产研发新的原材料、采用新的生产组织形式方法等。而技术创新在当下的发展中逐渐被商业化，新的生产工艺、设备以及思想被首次纳入商业运作范畴，任何企业所研发的新产品或新生产工艺从产品的研发设计、技术开发到生产运用这一连续不间断的生产活动中的创新贡献即企业的技术创新活动。根据以上论述结合我国实际的企业科技创新特点，提升企业的技术创新效率实际上是以增加企业整体核心技术竞争力、获得持续的经济利益、发展信息工艺的再创造等目的，本质就是将企业的生产要素重组，通过科技创新形成的商业化趋势的管理组织活动。企业只有提高对产品技术的创新要求才能在市场竞争中占有有利地位，维持长期有效的产品输出和发展，并不断对接开拓国际技术市场，在企业中技术信息和产品设计营销的专业人员较少但其对企业创新技术的作用较高，股权奖励对于技术开发人员和管理人员具有较高的实用性，为激发企业相关员工的研究能力和技术创新水平从而提升公司的行业竞争力，需要对专业技术人员做出相应激励措施，从而促进企业绩效的增长。随着行业竞争加剧，企业要想在资本市场和供需关系中占据较大份额就必须采用技术创新打破原有生产运营的僵局，以此提升生产要素配置，提升生产经营转换率并持久造就高额投入产出，只有满足市场需求和客户需求的新型产品才能助力企业提高市场占有率，产品更新迭代才能在市场中更多地抢占市场份额并以此提高生产效率，降低企业生产成本，实现企业战略发展目标。但由于科学技术创新研发行为本身就具有长期性特点，前期投入效益大，收益预期不确定不稳定，科研的投入成本承担能力非常考验企业的综合资源利用能力。尤其打破原有生产模式和组成形式的生产方法短期内会直接影响生产效率以及直接的经济收益，企业的高管和决策层要认识到技术创新研发的重要性，在漫长的研发、生产、创新到商业化过程中，要接受其对企业生产绩效的滞后性影响，并在前期做好相应规划，给予各层级员工信心和激励，打破企业技术创新生产"瓶颈"，提升企业创新能力和综合竞争力。

（四）环境规制提升企业技术创新效率

针对水污染、毒污染、大气污染、有害废品及声光污染等公共环境的污染行为进行的社会性规制，被称为环境规制，其性质也是一种负外部性行为，这种行为依旧是将保护环境的社会性责任所承担和付出的一定成本转换为企业或单位个人承担的投资成本。可通过制定相关保护标准、排放标准、处理标准以及技术性标准等来实现，鼓励型则是通过征收制度、交易制度等方式实现。环境规制问题确实能影响到企业创新技术的发展，合适的环境规制可以对企业中技术改革创新起到积极作用，并且促使企业在行业市场竞争中占据有利地位。企业在短期内看不到环境保护投资和收益的直接影响，而众多研究均表明无论是在企业长期发展还是在长远经济效益方面，尤其是在创新研发上，企业环境保护投资与以上因素呈正相关趋势。面对不同程度和性质的环境规制，在企业环保技术创新层面上的影响效果和力度大不相同。按照以上所提到的不同管制手段，对企业最为突出和显著的影响手段依旧是披露政策，将环境考核信息的公开和表彰以及企业对环境保护技术研发的投入公开化，对企业自身及行业层面的影响显著，相比较投资的经济利益，企业会更加在意公开化披露带来的负面影响，以及直接性的经济手段的制约效果。将组成合理的经济指标纳入企业的环保技术创新产生数据进行分析，通过环境保护制度征收相关治理保护费用的经济手段来影响企业的创新技术投资研发，属于一种短期控制行为，相关企业在短期内会加大投资成本，而相对于费用型的经济控制手段，投资型的优势在于对企业的技术创新投入体现出环境规制的激励作用，尤其是城市环境基础建设投资对于企业实现技术创新投入产生促进作用，而工业型污染源治理的建设却对技术创新的发展产生阻碍。无论是费用规制还是投资型规制虽然对企业环保投资的效果存在效果上的差异，企业中实际污染物的排放受到整体环境技术创新的引导作用影响。

为企业能平稳度过企业技术创新的"瓶颈"期，接受其长期复杂性和结果不确定性的现实，并对此做出有效响应，就要从企业长远持久发展角度为切入点，深入研究涉农企业环境保护投入、技术研发创新与核心企业的生产绩效三者之间的关系，有效的、特制性的环境管制可以有效刺激企业的技术创新能力，即企业在政府政策对环境保护的强制性压力下，为减少环境保护前期的投入资金成本以及后期的污染治理成本和未达标罚款支出，会刺激企业内部转而提升前端的环境保护投入成本，在期间加大可持续发展利用的创新技术研发能力，将资本合理化运用，尽可能减少资金成本的付出，以此提升企业内部技术创新效率。在解决环保投资成本投入费用的问题同时能以此获得创新过程和产品的国际市场竞争优势，展现其市场竞争能力和不可替代性，也只有不断改革创新才能维持稳定企业所在行业的市场地位，源源不断带来市场竞争环境下带来的经济增长效益，企业也只有不断地技术创新才能有效利用市场资源，受限于环境管制、环保压力的企业必然会启用更多的环保资金投入，自然也更有动力去为此研发科学技术创新来减少生产过程中投入整体环境保护工作的成本，努力改良生产过程工艺、原材料的处理、机械设备的改良投入等，在降低环境保护成本的同时达成新型产品的创造，形成一种完整且自然地创新发展流程，在这一发展流程中企业获得创新结果带来的技术或产品专利协助企业在行业形成技术或产品垄断，以此带来高额的利益，引发更多企业发生技术创新变革，整体提升我国市场企业的整体研发能力以及内部技术创新效率，提升生产型、工业型企业的生产经营效率，给我国经济市场带来较高的勃发态势。

在环境规制的影响加持下，企业内部所产生的相关技术创新的活动会更加活跃，这也直接反映并影响企业在环保方面的投资力度，通过门槛效应企业因为在政策上的缺乏自主选择权，属于一种被动行为，处于不同市场行业的生产企业在环保成本的投入资金存在着一定的差异，污染型较重的重工业企业投资自然更多，不同企业的性质要分别观察环境规制对其创新研发投入的影响，并且不同的环境保护投资行为可以不影响公司的直接经营效益，虽然总体环保技术创新研发的投入提高可以增加企业的经营效益，但仅仅是非环保型的研发投入增加，说明环境规制可能会直接影响企业的经营效益收入，而环境规制行为对低污染的企业影响程度更大。在行政管制和市场管制的双向引导下，无论是重污染还是非重污染的企业都会受环境规制的影响，强度越高可能一定程度上导致降低整体企业价值，但在高强度的环境管制下又能使企业的赋税因遵守制度而降低，从而提升企业整体价值，以我国目前的环境保护政策实施现状来看，企业主动做出环境保护投入以规避环境风险，承担环境保护的社会责任是可以促进自身环保技术创新并迎来新的机遇。国家为改善生产经营活动所处的生态平衡，预防环境污染问题、治理已造成污染现状，出台各类政策以支持鼓励当地企业提升环保技术创新效率，促使污染物的排放量减少，甚至在排放前进行提前技术化处理，减少后续环境破坏的不可逆和污染处理的成本，促进企业进行产业性质升级。同时企业通过当地政府出台的补贴政策、税收政策平衡自身研发所投入的生产成本，给予企业自身更大的创新研发动力和投入，树立良好的企业形象、提升企业行业竞争、促进企业直接业绩收入、促进企业持续稳定发展均起到推进作用，在企业内部将技术革新效果发挥最大效用的同时，更利于自身地区经济增长吸引外商投资，给地区发展提升带来长期稳定效应。因此对于企业而言，无论生产类型还是污染类型，将自身环保投资与内部环保技术革新融合，提出两者一体的共生存促发展的整体性战略，既能保证市场行业内的竞争优势又能在需求交易市场满足供需关系，在环境管制下又能大力发展技术创新工作，有利于提升品牌效应和市场竞争力，并为企业长期可持续发展提供先决有利条件，因此促进环保投资和企业内部环保技术的改革研发，让两者作用因素彼此影响调节，结合制定战略政策，对企业的整体业绩绩效产生促进提升效果。因此，环境管制对企业的环保创新研发和效率有所提升，并因此对企业整体价值起到有力推动作用。

企业环境保护投资根据环保投资的多种计量方法以及投资的目的性和效果性总结出企业环保投资涉及范围有环保工程建设支出、环保设备采购设计支出、环保功能技术研发支出、环保项目相关人力费用支出、生产工艺节能减排支出以及环境保护污染治理支出，部分还包括环境保护捐赠费用等。各企业根据自身情况投入的项目和金额不同，统一采用企业环保投资和自身经营收入的比值来衡量企业的环保投资规模。而企业的技术创新的测量包括企业创新项目投入和技术份额产出，或者部分企业中特指企业创新研发强度和专利产出，以此来衡量企业的创新能力。此时这里的技术份额指标既能代表企业技术研发出品的质量和数量特征，又能间接体现企业在市场行业竞争中所占地位。而创新研发强度可以根据企业的费用性研发付出和资本性研发付出两个维度考察，即资金投入和人力投入，以此结合作为研发成本投入主体与技术专利产量两者共同作为企业环保投资衡量指标。企业的技术研发资源是企业在创新研发过程中投入的大量人力、财力、物力的体现，企业一旦确定环保技术投资比例或新项目研发比例，应从研发投入具体细节着手，重点划分研发投入对象的占有比例，这是企业在研发投入过程中的重要技术手段和环节，目的是增加研发专利产品的质量和数量，同时也是增加新品或新工艺技术的商业竞争力和市场占有率，才能在资本市场上占有有利条件，基于企业的新品研发投入和科学技术创新的整体性关系，技术研发投入是技术创新活动的基础环节和重要阶段，企业技术创新活动的动力来源是研发投入的占比，也就是说研发投入的力度和强度直接影响着企业的科学技术创新效率和能力。只需考察企业的研发投入强度即能衡量一个企业的技术创新能力。如果将整个研发过程拆开来分析，研究阶段和开发阶段的投入资金费用和资本费用都应细分来掌控，例如不同阶段技术人员的薪酬费用、厂房固定资产及不动产的折旧费、材料采购和消耗费、合作研发费、自主研发费、实验检验费、调试安装费、售后维护费用等财务费用指标进行测算，将费用化的研发费用同资本化的研发费用整体结合。

企业在短期内的研发效果不会直接为企业带来明显的业绩收入，但经过滞后期后总资产收益率会随着研发投入持续条件下增加，并在一定程度上尽可能通过研发投入和技术创新的成效缩短滞后周期就可以有效降低研发投入的成本，综合提升企业的资源利用能力和抗风险能力，加速产品技术研发的速度和商业化的进程，各部门各层级人员相互支持配合对公司整体收益的增长起到积极作用。加大企业环保投资与创新研发强度两者关系因素可以得出企业通过科学技术创新降低投资成本，对短期企业业绩绩效的负面作用，加大环境保护投资力度也可以促进企业技术创新对短期业绩绩效的积极影响。企业环境保护投资力度和科学技术创新两因素彼此协调，可以抵抗部分投资收益的滞后性，在短期内对企业的业绩绩效产生影响，以此弥补短期的经济效益损失，通过加强企业科研技术研发强度使企业的技术创新投入对企业环境保护投资与长期绩效之间产生强烈的刺激调节作用。同样，企业的环保投资情况对企业技术创新和长期业绩绩效也有调节作用，企业环保投资和企业技术创新研发两者均可对企业绩效的长期、短期产生调节影响，共同作用于企业的长短期经济效益。简言之，通过企业的环保投资动作和增加企业技术创新研发强度可以对企业的总体业绩绩效产生扩大效应，前两者影响因素的相互协调也能保证企业长短期收益的同时形成企业创新发展的良好循环效应。

通过扩展研究可以具体区分国有制和民营企业的业绩绩效受到环保投资和技术研发创新的影响。国有控股企业受到更多的外部管制和政府政策、社会公众的监督督查，企业管理层的决策和行为会受此影响，从国有企业经营的主体目标上看需要肩负更多的政治使命和社会责任，业绩经营目标并不是唯一考核目标，也不是企业发展的终极目的，因此国有企业在成本投入和经济支配的方式和效率和民营企业会有较大的差别。在委托代理理论上也有表示出国有企业的特殊性质会直接影响企业管理层的管理和经营，导致管理层的奖励制度例如股权激励等制度的执行效果达不到预期，也更容易较民营控股企业的管理层而言其管理人员的认知和经营理念出现短视行为，导致管理人员更多只追求自身在职期间的个人利益而忽视企业利益的，给企业的经营业绩和效益造成因管理层决策失误或不作为而带来的损失。而从制度理论上来看国有企业的框架组织和制度方面存在着不同于民营企业的优势，因其在市场中独特的经济地位，较民营企业而言存在着制度上的竞争优势，更容易从外界获取资源，无论从政策力度、税收优惠还是融资方面都存在着便利，有更多的资金投入和技术信息资源用于国有企业自身的科技创新技术投入。相较于民营企业可以更有效地利用信息资源用于降低自身成本投入风险，提升创新板块的投入，在长期成效上来看可以更有效地提高技术创新效率而缩短投入产出滞后性带来的前期损失，以弥补短期的经济效益差额。国有企业和民营企业在环保投资、技术创新方面对企业的整体绩效影响存在差异，这种影响企业环保投资绩效的差异被称为产权差异，并且国有企业因在政策上的优势其投资回报绩效明显要优于民营企业，把握国有企业管理层绩效考核奖励政策以及人员的稳定性和科学性就能借助这一优势提高国有企业的技术创新效益。

无论是什么类型的企业，科学技术创新都是企业的核心竞争力，企业中的技术创新能力和产量受到多种因素影响，企业内部因素影响可以体现在企业规模和所在行业市场。企业创新技术的体现不仅要看该企业申请专利的数量，还需要考察企业的技术创新资本投资，比如创新研发的投入占比，以及技术相关特许权受让等。尤其是公司的企业规模同内部技术研发投入的关系十分密切，例如企业管理层的内部激励政策，以及激励政策的种类和组合选择，不同激励方式的权重占比等，此外，内部管理者的个人能力和特征以及外部环境制度均可以给企业内部创新造成一定影响。在对制造业企业进行研究中发现，在股权集中管理经营情况下能更好地促进企业内部创新效率提高，尤其内部奖励政策中的股权奖励政策对具有一定规模的企业而言，对公司内部的科技创新是最有推动作用的，特别是给企业内部技术核心人员采取股权奖励机制。而在股权集中政策下出现股权所有人对股权进行质押、出售等现象出现时，会对公司内部技术创新的投入力度造成影响，对于混合所有制企业中的现存股权结构也会对公司内部创新活动产生影响，例如非国有企业中的决策因为受到地方政府的干涉要少于国有企业，企业可以根据自身状况调整技术创新投入比，这两种企业技术创新效率受到的影响也会大有不同。

企业中拥有决策权的管理层人员以及负责技术创新研发的技术人员作为企业开展技术创新活动工作的重要主体，他们的决策和行为会对企业技术创新板块产生直接影响。企业中科学技术创新是发展的核心，同样人才在企业科学技术创新板块中也占有核心地位，提升一个企业的技术创新能力，也就是提升企业管理层人员的创新意识。此时公司的核心技术层人员对于企业开展创新技术板块占据主体地位，对技术开发人员进行相应的奖励可以有效促进企业技术板块的研发，在企业的股权激励模式下，对核心技术人员实行股权激励政策，可以有效提升公司的产品或技术创新的数量和质量，从而引发企业的经济效益增长。此外在企业中还有一个对经济效益发展有益的举措是进行创业投资，在我国现有经济状况急需转型的背景下，一定的创业投资会影响企业的创新绩效，企业所处的外部市场环境也对企业内部创新活动有一定影响作用，尤其是企业处在发展较好的市场环境下，外部资金的注入对企业技术板块创新工作有促进作用，在小型企业的创新活动影响上最为显著，此时企业的外部资金注入可以解决企业融资问题，以及融资成本，在拥有一定资本注入下，减少企业生产经营所需的资本投入，可以使企业有足够的可利用资源投身于科学技术创新的活动中去。市场的状况反应会间接推动企业的创新发展，但这一影响的前提受到当地市场资金融入能力的影响，因此政府为促进企业内部创新动作可以适当补充现有发展扶持政策，或直接对创造性企业投入资金支持，以此增加创新型企业的投入回报率，解决科技型企业的融资问题，缓解其在创新领域投入资金的压力，再通过政策对产业组织结构的调整规划，改变企业生存的外部市场环境，联合银行、税收等政策资源逐步向优秀创新型企业过渡，给予企业创新投资信心，提高产业资源配置效率，给予企业创新创造动力。在我国实行可持续发展投资战略生态文明理念的环境下，越来越多的企业已经开始意识到环境保护的重要性，以及加大环保投资和环保技术开发的重要性，因此从内部着重调整策略加大环保投资力度和环保技术创新能力，同时还能提升自身产业要素配置，提高周围生态环境资源利用率，履行环境保护社会责任，提升环境投入产出绩效比，维护企业的社会形象，为自身企业赢得市场竞争优势和全社会层面的肯定与支持。在企业环保投资为必然趋势和着重大力发展前提下，针对企业环保投资对企业绩效长短期的影响以及企业自身技术创新研发效率，在企业进行环保投资的短期内，技术创新研发的投入可能会对企业整体绩效出现不利影响，随着政策的实施，企业技术研发和环保投资对企业绩效影响存在着一个逐渐向好的过程，企业管理层要明确这一现象的发生和影响因素，对实际与企业投资决策相关人员提前做好沟通。在企业技术创新研发投入对企业绩效产生正面影响的滞后性上，要明确短期和长期分别带来正向影响的力度和程度。企业的环保投资对企业绩效短期内呈负面影响但随着政策实施在长期影响下趋于正向影响，而企业技术创新投入一直对企业绩效呈正向影响，但影响结果呈滞后性，这使得在长期效果上来看，正向影响的效果越来越显著。

鉴于企业环保投资和企业技术创新的投入彼此间存在协调作用，长期合理有效地结合可以增加对企业绩效的正向影响作用，可以彼此产生刺激效应在企业内部的生产运营环节相互促进，提高企业技术创新效率的同时带来切实的资本效益。企业最终绩效的好坏受到企业整体资源获取、调用和整体利用度的影响，企业要想长期有效拓展自身业务和提升企业整体发展能力就要强化自身技术创新的改革，加大科学技术创新研发的力度，才能在资本市场产生特异性和差异化，依靠这种层次偏差才能获得更多的市场份额，提升企业竞争力，促进企业战略目标的实现。加大研发力度以企业的长远发展和整体规划作为目标，不断提升技术创新程度，提升创新效率、转化率和商业使用率，在企业内部形成良性发展循环。建立企业环境保护投入和科学技术创新研发双向融合的战略部署，通过两者的协同作用共同影响企业的环保投资和技术研发，建立企业全局性的环保创新战略发展目标，为可持续发展并迎来企业高绩效打好坚实的战略基础。积极履行环境保护的社会责任，执行环境保护政策的实施，充分利用环境保护投资和技术创新投入的双重效应，完善自身企业绿色化经营的形象，非国有企业借助国家政策的创新研发补助，引导自身快速实现自主创新，同时借助自身对投资经营的理解和决策优势，做好管理层的激励措施，完善企业技术创新研发机制，增加专利及知识产权输出。

八　优化涉农企业整体发展布局

（一）有序推动涉农国有经济整体进步

在分类监管视角下，优化不同类型涉农国有企业股权结构以及竞争力的提升，就要从涉农国有企业整体发展布局入手，有序推动国民经济的整体进步。当前，我国要发展国民经济，始终要坚持公有制为主体、多种所有制共同发展，实现涉农国有企业改革的不断深化。继续探索涉农国有企业发展过程中公司制股份制改革的具体路径，基于不同行业的发展现状，加强对垄断行业的管理和改革，推动混合所有制经济的深化，为涉农国有经济发展打下坚实基础。不断深化涉农国有企业改革，提升涉农国有经济整体发展，增强涉农国有企业的竞争力，在市场竞争环境中建立竞争优势，并提升资源利用率，不断完善现有制度体系。通过对涉农国有企业数量的把控以及适度压缩，实现涉农国有经济布局的合理化，并且通过混合所有制之间的发展，带动产权交易制度的完善。要通过现代企业制度的建立，使涉农国有企业内部法人治理结构更加清晰，保障各主体能够正常履行相应职权，构建明确的权责利布局，推动涉农国有企业发展过程中各项措施的实施。国企改革应当与所有制改革相结合，不断探索公司制、股份制合作的制度改革优化，通过公有制发展形式的创新，推动我国经济整体发展。保障我国经济发展及国企改革的正确方向，实现经济发展建设路径的有效探索。我国进行涉农国有经济战略布局的过程中，应当遵循涉农国有经济布局结构的发展趋势，从整体角度实行国民经济发展方向的有效推动，强化基础设施建设和公共产品服务质量，使涉农国有经济发展对国民经济整体布局的促进作用得到有效发挥。并通过改善涉农国有企业数量和管理体制缺点提升涉农国有企业内在竞争力，挖掘不同类型涉农国有企业的发展潜力。有序引导涉农国有资本向国家安全及国民经济命脉等领域的过渡，保障涉农国有经济在国家安全等相关领域的主要控制地位。对于其他行业的涉农国有企业，则要有序进行资产重组活动，在良好的市场竞争环境下实现市场规则的有效运作，凭借企业实力开展竞争活动，实现优胜劣汰。对于涉农国有经济布局的整体调整，对于涉农国有企业的实际情况展开具体分析，打造动态化的管理机制，使涉农国有资本的价值能够实现最大化，同时还可以有序引入非涉农国有资本开展有序竞争，提升涉农国有资本的整体发展活力。基于企业重组相关理念，对当前涉农国有经济整体布局建立正确认识，基于国家经济建设发展需要实现涉农国有资本战略调整。有序引导涉农国有资本和非涉农国有资本互相促进的局面，实现涉农国有资本的优化配置。通过涉农国有经济布局的调整，发挥龙头企业的带动作用，从而提升国民经济的整体实力。以产权作为重要纽带提升涉农国有资本的控制力，实现我国涉农国有企业向现代企业制度建设的顺利过渡。通过战略投资者、境外上市和央企合作等途径，加强央企与地方国企之间并购重组的联系，有序开展产权融合以及产权置换等活动，构建中央和地方涉农国有企业互相持股机制，实现涉农国有资产的保值和增值。着重发挥政府作为市场配置资源主体的作用，加强市场重组活动以资本为纽带的顺利进行，通过产品结构的优化和升级，寻找政府行政手段及市场调节作用的平衡点，实现企业竞争优势的塑造，打造规模化专业化的经营模式。

（二）全方位深入产权制度改革

通过产权制度的不断优化，对当前国家经济发展建设整体布局进行有序引导，是我国实现涉农国有企业改革深化的重要途径。我国传统计划经济中产权制度方面的不足导致了涉农国有企业运行效率的低下。因此，产权制度改革深化也是在涉农国有企业产权制度完善基础上涉农国有资产管理质量提升的重要路径。要保障产权制度建设对于计划经济向市场经济转变的作用，实现资产所有权的优化，能够为涉农国有企业发展奠定基础。政府对于产权制度的宏观调控需要与其作为所有者的管理职能相独立开来，从而保障政府对于企业的宏观调控措施能够落到实处，并且使得政府能够以统筹的观点塑造良好的市场竞争氛围，实现良好的竞争秩序。逐步建立涉农国有资产经营情况评价监督机制，确定主体管理评价结构，对不同类型涉农国有企业的经营状况进行有效的评价，对涉农国有企业的经营行为构建动态性、持续性的监管机制，对涉农国有企业财产进行监督。在涉农国有企业监管过程中，应当树立清产核资方面的明确步骤，对于产权界限给予清晰划分，实现财产情况的科学评估。保障涉农国有企业自主经营权，创新涉农国有企业经营模式。引导法人实体将企业绩效表现与涉农国有资产保值相结合，法人实体对于涉农国有资产经营的责任意识及相关理念的建立。对涉农国有资产管理经营要逐渐向价值形态管理过渡，实现对于涉农国有资产的有效配置。通过建立合理的市场评估手段来对涉农国有资产的经营情况进行准确评价。不断建立完善市场环境保护机制，确保不同所有制经济在市场竞争过程中能够获取同等的市场条件，开展良性竞争。突破不同领域和行业之间的市场封闭状态，保障原材料等资源在不同竞争市场的顺利流通，从而激发涉农国有企业的发展潜力。涉农国有企业要抓住产权制度改革深入的良好机遇，借助产权制度深化的发展趋势，实现涉农国有企业内部治理结构的优化，采用多种监管方式提升企业整体管理水平。对于社会经济发展而言，公司制股份制的建设是社会经济程度不断深入的必然结果，也是企业在市场竞争中建立优势之后的组织形式表现，更是我国涉农国有企业未来的发展方向。因此，涉农国有企业必须要借助产权制度优化的机遇，大力推进企业内部股份制改革，提升关于现代企业制度的相关认识，加快推进现代企业制度建设进程，促进涉农国有企业完成改制，引导企业有序上市，继续优化企业治理结构，不断提升涉农国有企业风险防控能力。通过内审机制发挥监督作用，实现企业内部运行效率的有效提升。加快市场化机制与涉农国有企业机制之间的融合，进行涉农国有企业相关经营管理的市场化探索，通过企业内部竞争激励机制的不断完善，提升员工工作的积极性，建立起企业人才资源优势，为企业发展创造新的活力。优化人才的使用，满足不同领域行业的涉农国有企业对于人才的不同需求，实现选人用人机制的有效完善。

（三）通过改革与发展紧密结合为涉农国有企业成长赋能

涉农国有企业的改革需要与发展相结合，改革作为发展的动力，而发展作为改革的目的，二者的结合能够有效实现涉农国有资产保值增值的目标。改革作为提升涉农国有企业管理水平的重要途径，对于实现涉农国有企业自主创新能力的提升以及涉农国有企业竞争优势的培育具有重要作用。目前对于我国涉农国有企业来讲，在技术创新方面虽然取得了一定成效，但是技术创新仍然存在不足，尤其是在核心技术优势打造和市场竞争力方面尤显不足。要实现涉农国有企业向国际市场的迈进，就要正视当前涉农国有企业在研发能力方面的差距，实现企业技术能力的提升。以改革和发展相结合，就是要求在涉农国有企业进行全面深化改革的过程中，建立关于自主创新的发展理念，突破传统涉农国有企业运行过程中轻研发的问题，建立关于短期利益与长远发展之间的平衡点。既能够保障企业当前利益，又能够站在长远发展的角度，提升技术水平，增加企业发展潜力。涉农国有企业应重视技术进步，加大研发投入，并以发展的眼光进行企业相关战略规划的制定，为技术水平提升创造动力。涉农国有企业想要在复杂的市场环境中得以发展，就必须提升自主创新能力，打造资源和能力共享的合作机制，构建长期的战略联盟关系，加强新产品和新技术的研发。涉农国有企业经营要始终符合市场需求，进行产业技术升级，优化资源配置。不断推进涉农国有资产管理体制的改革，保护涉农国有资产安全，为我国国民经济发展赋能。加强涉农国有资产管理体制的多样化改革，在涉农国有独资公司运营的基础上，引入控股公司、参股公司等主体，进行非涉农国有资产联营方面的有效尝试，并通过制衡和监管机制，为涉农国有资产保值增值构建有效保障。有序构建相关监管考核体系，从制度层面实现对涉农国有资产的有效监管。在考核指标的构建方面，可以对涉农国有资产保值增值指标的具体情况展开分析，并且明确相关主管部门的职责，通过定期及不定期的检查发挥考核主体的监督管理职能。另外，还应当构建定期公布机制，对涉农国有资产增值保值情况进行汇报，并根据具体的汇报绩效情况进行奖惩措施，确保各方面监管主体的职责能够顺利地履行。不断完善实现涉农国有资产管理体系，保障涉农国有资产管理质量，实现涉农国有资产的规范化管理。将具体的经营管理责任与相关负责人相绑定，并通过有效的激励约束机制，树立相关主体的责任意识，为涉农国有资产监管及产权结构优化提供保障。从我国经济体制整体改革结构上看，涉农国有企业改革是实现我国经济体制整体改革目标的关键环节，我国涉农国有企业改革在过去的历史阶段已经积累了一定的经验，但也遇到过各种各样的困难，最终在艰难探索中确定了涉农国有企业改革深化和国家经济体制建设的正确道路，因此，当前要基于涉农国有企业改革的既有基础，结合市场经济发展实际，实现涉农国有企业改革的不断深化。规范涉农国有控股股东的各项行为，保障上市公司资产重组的规范化。从财务监督的角度，可以通过不断强化财务预决算管理提升企业关于财务的控制效果，并且构建起风险防范的相关机制，与内部审计监督机制相配合，实现出资人权益的维护。深化我国涉农国有企业改革发展，不断完善涉农国有资本相关经营预算制度，以涉农国有资本经营预算制度目标的实现为原则，加快各项配套制度的推出，从而保障我国涉农国有企业相关经营预算工作有序实现，确保涉农国有资本的运营能够实现规范化和合理化。

当今社会，技术不断更新迭代，企业要在激烈的市场竞争中维持稳定地位，就需要不断进行科技创新。技术创新对于企业发展乃至国家经济建设及整体实力的提升，加快发展科技事业，提升创新竞争力，建立创新优势具有重要影响。企业应当正视在核心技术方面的不足，积极改善当前创新人才缺失等问题，要实现技术创新速度的有效提升就要通过优化人才储备，提升技术创新能力及科研能力来实现。提升治理效率，采用股权激励等方式优化管理，从而能够适应外部市场经济环境变化对企业发展带来的影响。在股权激励机制改革背景下，企业经营效率得以提升，以良好的业绩表现在资本市场受到更多关注，增加投资者信心，优化资金链条，有效优化企业短期融资效率。因此，企业需要通过股权激励机制改革，提升市场关注度，增强企业市场竞争力。从内部要素看，企业实施股权激励有利于理顺内部管理制度，实现内部管理框架的完善。作为市场经济活动主体，企业实现良好的内部管理秩序就需要及时理顺股东、高管、董事等不同利益主体的矛盾与冲突，使企业的管理权实现均衡分配，并通过激励约束机制等，实现不同利益个体与企业的共同发展。在股权激励机制的影响下，将企业发展与个人发展相联系，各职位能够明确其自身岗位职责，共同为实现企业愿景付出努力。企业深化股权激励机制改革，对于内部起到充分的激励作用，将公司股权作为激励内容，能够更大程度发掘员工的潜质。治理层股权激励与管理层股权激励对于实现企业人力资源增值具有积极作用，能够有效理顺企业管理架构，治理层股权激励与管理层股权激励能够有效防止相关高管人员利用职务之便做出有损企业利益的行为，在其决策之时强调理性经济人身份，利用委托代理关系中的信息不对称现象以及目标差异性本质为个人牟利。因此，要缓解委托代理问题的矛盾，就需要优化治理层股权激励与管理层股权激励，使高管人员建立个人利益与企业发展的眼光，以一致性的发展目标为实现企业业绩提升而努力。我国治理层股权激励与管理层股权激励有不同的方式及类型，但最终都是为了建立高管人员与企业的利益共同体，使得高管人员想要实现标的股票的获取，就需要立足于企业价值的提升，优化企业财务绩效水平。企业的可持续发展与其自身治理结构息息相关，只有不断优化内部治理结构，才能够实现岗位职责的细化，建立员工凝聚力。为进一步优化岗位结构，提升产品与服务品质，就要通过激励机制的构建，发挥激励机制的有效作用，促进产品技术创新。因此，探讨并验证治理层股权激励与管理层股权激励的积极影响，是提升企业影响力和资源利用率、保障企业社会责任的积极履行的有效路径，也是研究企业发展内在驱动力以及评估企业发展前景的重要基础。在两权分离的企业管理框架发展趋势影响下，企业的治理层与管理层是决定企业发展战略和经营事项的重要角色，对于企业治理以及实现企业成长愿景具有不可替代的作用。但由于理性经济人思维，治理层与管理层在进行企业相关决策拟定的过程中，不可避免地会将个人得失与利益纳入权衡过程中。因此，为避免出现高管人员与企业所有者存在利益矛盾而做出偏离企业发展方向的决策情况，企业采用治理层股权激励与管理层股权激励的手段，对治理层人员与管理层人员进行激励和约束，从而有效优化代理成本，减少利益冲突。在治理层股权激励与管理层股权激励影响作用下，企业通过构建治理层与管理层和企业长期发展的共同利益体，从而引导治理层与管理层人员提升对于资本投资的关注度，并从公司战略出发，以企业发展前景为基础进行决策，并有效避免治理层和管理层人员对自身利益的考虑做出只有利于自身利益而有损企业利益或者减缓企业发展速度的决策。企业激励机制是满足利益相关者需求和实现企业长远发展的有效措施，也是缓解委托代理矛盾的重要手段，还是促进企业能够积极承担社会责任的基本保障。探讨并验证治理层股权激励与管理层股权激励的积极影响对于实现企业成长具有重要意义。但每个企业都有其自身特点与管理偏好，企业推进股权激励机制改革的具体期望效应也不同，这就导致企业实际采用的股权激励模式也存在异质性。

企业在股权激励模式方面的选择影响激励机制的实际作用，选择股票期权模式的企业中，治理层与管理层人员具备的权责存在不对等情况，并且能够自行决定是否行权。也就是说，在股票期权模式下，高管人员并不存在行权的义务，如果行权不利于自身利益，则可以不行权，也不会产生损失。而限制性股票模式下，相关人员的权利和义务是对称的。在该模式下，高管获得股票是通过自有资金来实现的，当满足业绩目标时，可以进行出售。但是，一旦高管人员没有实现业绩目标，或者企业股价下跌，则因业绩不达标无法对其持有股票进行出售，限制性股票激励模式下，当高管人员能够满足业绩目标时，就能够发挥激励作用，但如果没有达成业绩目标，又会造成高管人员的利益损失，因此既具有激励作用，又存在一定的约束。在限制性股票模式下，高管人员为避免遭受利益损失，在决策时必须考虑企业长远发展，并通过积极履行社会责任实现企业和品牌形象的稳固。治理层股权激励与管理层股权激励能够引导企业与利益相关者建立共同利益视角，从而维持良好合作关系，有助于实现企业竞争优势的构建和市场地位稳固，推动企业长远发展。此外，企业积极履行社会责任，也能够增强公众、市场以及投资者信心，促进企业实现可持续发展。限制性股票激励模式下，高管人员从实现未来股票价值保障的视角出发，为实现个人财富保值，会促进其更加努力。但股票期权模式下，高管人员不会受到相关的惩罚措施，因此即使出现不良决策也不会使高管人员承担经济损失。因此，虽然股票期权能够存在一定的激励作用，实现企业业绩的提升，但同时也有可能使得高管人员在投资决策方面出现失误，选择风险投资而存在投资失败的可能。在社会责任履行方面，也会由于对未来股价的关注度不足而导致社会责任履行的不充分。企业具备不同的实际情况与激励效果期望，就可能选择不同的股权激励模式，在社会责任履行方面，企业选择限制性股票模式可能会获得优于股票期权的激励效果。因此，必须从企业自身需求与期望实现的激励效应出发，选择最适合企业发展的科学激励模式，从长效机制方面实现对薪酬福利等单一措施的补充，充分发挥激励机制对于治理层人员与管理层人员和企业长期发展目标的推动作用，使企业寻找短期利益与长期持续健康稳定发展的平衡点。

第三节　研究不足及展望

　　尽管本书探讨了资源利用对涉农企业成长的影响，并探讨了农工一体化战略的影响，但相关研究仍然存在一些有待完善之处：首先，本书从静态视角考察了资源利用对企业成长的支持作用，但将冗余资源进行合理配置，并形成推动企业成长的能力是一个需要管理层持续关注的动态过程，受研究资料所限，本书并未对这一动态过程进行考察，这也成为本书后续进一步研究的方向。其次，本书探讨了农工一体化战略的影响，但企业的农工一体化战略存在模式上的差异，一些企业通常采取"企业+生产基地"的方式来实现自身战略布局，而一些企业则采用"企业+农户"的合作模式；考虑到不同战略模式的特性和功能，不同农工一体化模式对资源利用与企业成长关系的影响可能会存在差异；然而，受制于研究能力和数据可得性等问题，本书未能进一步对农工一体化战略的具体模式进行细分和讨论，这一研究不足也成为本书未来关注的重点之一。

参考文献

白洁:《政府补贴对高科技企业全要素生产率的异质性影响》,《学习与实践》2020年第9期。

陈寒松、田震:《公司创业情境下孵化企业服务生态系统构建——基于资源编排理论》,《科研管理》2022年第5期。

范晓男、张雪、鲍晓娜:《市场竞争、技术创新与企业全要素生产率——基于A股制造业上市公司的实证分析》,《价格理论与实践》2020年第7期。

付玮琼、白世贞:《供应链金融对中小农业企业的融资约束缓解效应》,《西北农林科技大学学报(社会科学版)》2021年第2期。

黄丹、刘露讯、于阳:《中国食品业上市公司纵向一体化动因及其绩效的实证研究》,《上海管理科学》2010年第5期。

黄健柏、兰勇:《纵向一体化:结构还是行为?——基于铝工业特性的分析》,《财经问题研究》2009年第9期。

刘星:《中华优秀传统文化的传承发展研究》,中国社会科学出版社2024年版,第119页。

李剑力:《探索性创新、开发性创新与企业绩效关系研究——基于冗余资源调节效应的实证分析》,《科学研究》2009年第9期。

李宁、任金政:《数字技术提升了涉农企业的价值吗?——来自新三板文本分析的证据》,《现代财经(天津财经大学学报)》2023年第10期。

綦好东、王瑜.《农工一体化企业价值链:纵向一体化收益与盈利模式重构——基于A股上市公司的分析》,《经济管理》2014年第9期。

綦好东、王瑜：《农工一体化企业高市盈率的财务解析》，《财经问题研究》2015 年第 5 期。

綦好东、王瑜、王斌：《基于经营战略视角的农工企业财务竞争力评价》，《中国农村经济》2015 年第 10 期。

沈晓明、谭再刚、伍朝晖：《补贴政策对农业上市公司的影响与调整》，《中国农村经济》2002 年第 6 期。

陶长琪、刘劲松：《企业纵向联结的效应分析——基于煤电行业的实证》，《数量经济技术经济研究》2006 年第 2 期。

田霖、郭梦琪：《数字普惠金融发展缓解融资约束研究——基于涉农企业的实证分析》，《重庆大学学报（社会科学版）》2023 年第 11 期。

王京、安毅、孙菁：《培训会影响企业价值吗？——来自我国 A 股上市企业的经验证据》，《经济科学》2020 年第 1 期。

王京、罗福凯：《技术—知识投资、要素资本配置与企业成长——来自我国资本市场的经验证据》，《南开管理评论》2017 年第 3 期。

王志刚、于滨铜：《农业产业化联合体概念内涵、组织边界与增效机制：安徽案例举证》，《中国农村经济》2019 年第 2 期。

邬义钧、马志峰：《企业纵向一体化问题研究——以中国上市公司为例》，《中南财经政法大学学报》2004 年第 4 期。

吴斌、刘灿辉、史建梁：《政府背景、高管人力资本特征与风险投资企业成长能力》，《会计研究》2011 年第 7 期。

吴利华、周勤、杨家兵：《钢铁行业上市公司纵向整合与企业绩效关系实证研究——中国钢铁行业集中度下降的一个分析视角》，《中国工业经济》2008 年第 5 期。

徐晨阳、陈艳娇、王会金：《区块链赋能下多元化发展对企业风险承担水平的影响——基于数字经济时代视角》，《中国软科学》2022 年第 1 期。

许明：《基于基因结构的企业成长影响因素研究：从"零和竞争"到"正和竞争"》，《暨南学报（哲学社会科学版）》2019 年第

2 期。

于飞、刘明霞、王凌峰等：《知识耦合对制造企业绿色创新的影响机理——冗余资源的调节作用》，《南开管理评论》2019 年第 3 期。

于晓宇、陈颖颖：《冗余资源、创业拼凑与瞬时竞争优势》，《管理科学学报》2020 年第 4 期。

余泳泽、郭梦华、胡山：《社会失信环境与民营企业成长——来自城市失信人的经验证据》，《中国工业经济》2020 年第 9 期。

周烨、任志超、郑维伟等：《中国涉农上市企业科技创新效率及提升路径——基于 DEA-Malmquist 与 fsQCA 的实证分析》，《科技创新发展战略研究》2023 年第 4 期。

祝继高、陆正飞：《货币政策、企业成长与现金持有水平变化》，《管理世界》2009 年第 3 期。

邹国庆、倪昌红：《经济转型中的组织冗余与企业绩效：制度环境的调节作用中国》，《工业经济》2010 年第 11 期。

Damanpour F, "Organizational Innovation: A Meta-analysis of Effects of Determinantsand Moderators", *Academy of Management Journal*, Vol. 34, No. 3, 1991, pp. 555-590.

Herold, D. M, "Jayaraman, N., Narayanaswamy, C. R. . What Is the Relationship between Organizational Slack and Innovation?", *Journal of Managerial Issues*, Vol. 18, No. 3, 2006, pp. 372-392.

Jensen M. C, Meckling W. H, "Theory of The Firm: Managerial Behavior, AgencyCosts and Ownership Structure", *Journal of Financial Economics*, Vol. 3, No. 4, 1976, pp. 305-360.

Peteraf M. A, Barney J. B, "Unraveling the Resource-Based Tangle", *Managerialand Decision Economics*, Vol. 24, No. 4, 2003, pp. 309-323.